D1727655

Wilfried Meyer

Eugenik ist weiblich

Wilfried Meyer

Eugenik ist weiblich

Überlegungen zur
Eugenischen Tugend

Projekte-
Verlag
Cornelius

Impressum

1. Auflage
© Projekte-Verlag Cornelius GmbH, Halle, 2011
www.projekte-verlag.de
Mitglied im Börsenverein des Deutschen Buchhandels

Satz und Druck: Buchfabrik Halle · www.buchfabrik-halle.de

ISBN   978-3-86237-701-5
Preis: 12,50 Euro

Sapere aude
Keine Angst zu denken

»If we could make better humans (…),
why should'nt we?«
(James Watson)

Geschichte der Partnerschaft

Eugenik ist weiblich? – Das ist nichts Neues. Die Eugenik war immer weiblich, sofern man darunter nicht eine Theorie oder politische Ideologie versteht oder einen Maßnahmen-Katalog, sondern wertgerichtetes Handeln:

Für die Kinder die besten erreichbaren Gene wählen.

Solches Handeln bezeichnet man gewöhnlich als Tugend. Man sollte daher dieses uralte weibliche Verhalten als Eugenische Tugend bezeichnen. Es wird in diesem Buch versucht darzulegen, dass eugenisches Verhalten regelmäßig von Tier- und Menschen-Frauen praktiziert wurde, von Menschen nur noch gelegentlich praktiziert wird, aber wieder bewusste Norm werden könnte.

Genetiker versichern uns unwidersprochen, dass die Gründer-Population der Menschheit etwa halb so viele Männer umfasste wie Frauen. Bei fast allen Tieren ist die Regel, dass deutlich weniger männliche Tiere zur Fortpflanzung kommen als weibliche, oft sehr viel weniger. Die Investition der weiblichen Tiere und der Frauen ist für den einzelnen Nachkommen wesentlich größer und zeitaufwendiger: Eier enthalten mehr Energie, und bei den

Säugetieren kommen noch Schwangerschaft und Säugen hinzu. Zur Weiterverbreitung ihrer Gene müssen sie also den Partner aussuchen, der ein optimales Überleben der eigenen Gene garantiert. Ein vergleichbarer Zwang existiert für männliche Tiere und Männer nicht. Sie können also wesentlich mehr Gelegenheiten zur Paarung wahrnehmen. Wenn es beim Menschen und seinen Vorfahren anders gewesen wäre, so wäre das die Ausnahme und als solche beweispflichtig. Die Hälfte der Männer – vielleicht auch mehr – wurde nicht als Sexual-Partner gewählt, hinterließ uns ihre Gene nicht. Die Frauen praktizierten also eine intuitionsgeleitete Auswahl unter den Männern. Man muss nicht unterstellen, dass die in jedem Einzelfall optimal war. Auch wird man nicht ausschließen, dass es gelegentlich zu Vergewaltigungen kam oder dass eine Frau keine Auswahl hatte. Dass die weibliche Wahl für die Erhaltung der Gene der Frau und der zukünftigen Population ungünstig war, muss die Ausnahme gewesen sein. Männern geht es um möglichst viel Fortpflanzung, egal wie, Nachkommen von Qualität werden schon dabei sein. Frauen dagegen müssen qualifizierte Fortpflanzung anstreben. Männer nehmen deshalb auch eine nicht gleichwertige

Partnerin in Kauf. Man kann ja morgen schon eine bessere finden. Diese weibliche Präferenz zeigt sich noch heute an dem bedauerlichen Umstand, dass die hochintelligenten Frauen nur ein Sechstel der Heiratschancen haben wie durchschnittlich intelligente Frauen. Die hochintelligenten finden keinen Partner, der ihnen gleich oder überlegen ist. Die infrage kommenden Männer haben schon gewählt, vermutlich eine nicht ganz gleichwertige Partnerin. Die Eugenische Tugend lautet für Männer deshalb etwas anders: Die eigenen Gene zur Verfügung stellen, wenn eine Frau es wünscht. Ein Recht auf Kind oder Kinder ist für den Mann nicht zu begründen, es sei denn, er findet eine Frau als Partnerin.

Es wird gewöhnlich als ungehörig angesehen, Menschen zu bewerten. Hier sind auch nicht die Werturteile gemeint, die wir in unseren Sonntagsreden äußern. Die tatsächlichen Wertungen geschehen gleichsam nebenbei: wenn wir Mitarbeiter, Freunde, Partner, Nachbarschaft aussuchen. Dabei werden unvermeidlich andere benachteiligt. Und wir sollten uns es eingestehen: Die von uns Abgelehnten werden gewöhnlich auch von anderen abgelehnt, sind also immer wieder die Verlierer, obwohl sie niemand als solche bewusst qualifiziert.

Es ist wichtig sich klar zu machen, dass der Impuls zu eugenischem Handeln nicht im Großhirn angesiedelt ist, sondern aus den Tiefen des Althirns kommt, des limbischen Systems vor allem. Das wird regelmäßig übersehen von allen, die den Einwand vorbringen, derartige Gesetzmäßigkeiten gälten für die Gegenwart nicht mehr. Die alte Lehre, der Mensch bestehe aus Leib und Seele, meint mit Seele gewöhnlich nur das Bewusste. Dass Handlungen aus dem Unbewussten veranlasst und gesteuert werden, wird von einem großen Teil der gegenwärtigen Soziologie und Publizistik übersehen. Vor allem dann, wenn eigene Vorurteile in Frage stehen.

Wie alt dieses eugenische Handeln ist, kann nicht genau gesagt werden. Vermutlich ist es so alt wie die Sexualität überhaupt, begann also wohl in sehr früher Wirbeltierzeit vor etwa einer halben Milliarde Jahren oder früher. Jedenfalls ist es bei zahlreichen höheren Tieren beobachtet worden.

Die Frage ist, nach welchen Qualitäten die Frauen und weiblichen Tiere ihre Partner wählten, welche Männer also die größeren Fortpflanzungs-Chancen hatten. Es können nur die gewesen sein, die der Frau und ihren Genen die größeren Überlebenschancen garantierten, die also, die ihnen Schutz, Nahrung, Sicherheit,

Gemeinschaft versprachen. Wäre es anders gewesen, hätte es keine Evolution gegeben oder doch eine sehr viel langsamere, mit Sicherheit keine Evolution zum Menschen.

Bei der Partnerwahl müssen schon früh künstlerische Fähigkeiten eine Rolle gespielt haben, auch wenn sichere Nachweise erst reichlich 30.000 Jahre alt sind. Bekannt geworden sind nur Kunstwerke, die wegen ihres Materials erhalten blieben. Es kann aber keine Frage sein, dass auch Tanz, Gesang, Pantomime und Erzählungen schon früh, vielleicht sehr viel früher eine große Rolle spielten. Da die künstlerischen Fähigkeiten überall auf der Welt vorhanden sind, muss angenommen werden, dass sie aus einer Zeit stammen, in der die Jetztmenschen noch eine gemeinsame Population bildeten und noch nicht über den Globus verteilt waren. Es wäre ja höchst unplausibel anzunehmen, dass sie sich von der Schwäbischen Alb ausgehend über die ganze Erde verbreitet haben, Australien eingeschlossen. Die künstlerischen Fähigkeiten müssen also ein Alter von 100.000 Jahren oder mehr haben.

Männer leben gewöhnlich riskanter als Frauen, das könnte zu dem weiblichen Übergewicht in der Gründer-Population beigetragen haben. Aber mutige Männer genießen bei Frauen bis in die Gegenwart hinein hohes Ansehen, was ihren Wert als Sexualpartner nur steigern kann. Wer hat die imponierenden Uniformen der Männer und ihre Auszeichnungen am meisten bewundert? Aber auch: Weshalb hat man sie erworben? (Wer will, mag als erfreuliches Faktum anführen, dass Drohen und anderes Imponier-Gehabe bei den Menschen-Vorfahren seltener wurden. Der in den letzten Jahren von Haile-Selassi und White vorgestellte Fund des Ardipithekus aus Äthiopien, der zuverlässig auf ein Alter von 4,4 Millionen Jahren geschätzt wurde, hatte bereits stark zurückgebildete Eckzähne, die bei den nichtmenschlichen Primaten vor allem zur Drohung dienen. Die damals lebenden Homininen-Frauen scheinen davon wenig beeindruckt gewesen zu sein. Die vorwissenschaftliche Sprache unterscheidet gewöhnlich nicht zwischen Hominiden und Homininen. Hominiden sind alle Menschenaffen und Menschen. Homininen sind alle Lebewesen zwischen dem letzten gemeinsamen Vorfahren von Mensch und Schimpanse einerseits und dem Jetztmenschen andererseits.)

Die Frage ist, wann und wodurch die Frauen ihre eugenische Herrschaft verloren. Man wird dabei vor allem an Vieh züchtende Bauern und Hirten denken. Die sind meist deutlich männlich dominiert, sind vermutlich auch die Erfinder des Patriarchats. Männer können dem Vieh besser nachlaufen, es eher bändigen und vor tierischen Raubfeinden schützen. Wer sein Vieh züchtet, dem liegt auch der Gedanke nahe, seinen Klan zu züchten, also zu bestimmen, wer sich mit wem zu paaren hat; menschlich gesehen, an welchen Klan er seine Töchter verheiratet und aus welchem Klan die Schwiegertöchter kommen sollen. Das ist regelmäßige Praxis in patriarchalischen Gesellschaften. Es sei allerdings nicht übersehen, dass das aus Geschichte und Altem Testament bekannte Patriarchat keineswegs allgemein verbreitet war, also mit Sicherheit keine Natur-Konstante oder ein zwingendes Ideal ist. Von den anderen Kulturen muss angenommen werden, dass die Frauen bei der Wahl ihrer Partner größere Freiheit hatten, also auch wohl eugenischer wählten.

Ein Hemmnis für eine eugenische Partner-Wahl ist der Umstand, dass Frauen ihren Partner gern für sich allein beanspruchen. Das hat sich ohne Zweifel bewährt, weil die Männer dann für ihre Kinder sorgen können, diese Aufgabe also nicht nur der Frau zufällt wie bei den nichtmenschlichen Hominiden. Monogamie findet sich häufig in ökologisch schwierigen Situationen, in denen die Hilfe eines Partners bei der Aufzucht der Jungen erforderlich ist, so bei sehr vielen Vögeln. Nachteilig ist dann unvermeidlich, dass fast alle Männer geheiratet werden und also zur Fortpflanzung kommen. Auch hier ist wieder zu bedenken, dass eine strikte Monogamie vor der weltweiten Ausbreitung der mosaischen Religionen nur bei etwa 15 Prozent der Kulturen üblich war (Ethnographischer Atlas von Murdock 1967). Seitensprünge sind jedoch bei vielen, vielleicht bei allen monogenen Tierarten die Regel. Sie dürften gleichfalls in der Regel zu einem guten »Gene-Shopping« führen.

Ein weiterer Vorteil der Monogamie ist, dass kaum Männer übrig bleiben, die unbeweibt sind. Das muss zu einer größeren Friedlichkeit geführt haben. Reine Männer-Gruppen sind erfahrungsgemäß unfriedlich und verursachen regelmäßig innere und äußere Konflikte. Die Anthropologie kennt etliche Gruppen, bei denen neugeborene Mädchen häufig getötet werden; bei diesen sind die Männer dann auch regelmäßig unfriedlich. Das Faktum ist für die gesamte menschliche Geschichte nachweisbar bis in die Gegenwart hinein (Heinsohn 2006); das könnte wieder akut werden in Ländern, in denen vor allem weibliche Föten abgetrieben werden.

Die Frage ist, seit wann die Neigung zur Monogamie auftrat. Sehr wahrscheinlich nicht erst im Verlauf des Alten Testaments und nicht zur Vermeidung von Geschlechtskrankheiten, wie gelegentlich unterstellt wird. Das Streben nach exklusiver Partnerschaft ist stark gefühlsbetont, hat seinen Sitz also in älteren Gehirn-Arealen. Es muss deshalb zumindest schon für die ältere Steinzeit angenommen werden. Wer es verstand, einen Mann an sich zu binden, profitierte von dessen wirtschaftlichem und sozialem Erfolg. Wer sich an seine Partnerin gebunden fühlte, war eher geneigt, zu ihr und den Kindern zurückzukehren, mit ihnen die Beute zu teilen und für seine Kinder zu sorgen. Die Männer beschafften zwar nicht die Mehrheit der Kalorien, aber das für die Gehirnentwicklung nötige Protein. Man weiß es aus altsteinzeitlichen Kulturen, die noch in der Gegenwart untersucht werden konnten.

Es ist ein alter Verdacht: Männer sind polygam, Frauen monogam. In dieser Reinheit lässt sich die These nicht aufrechterhalten, aber ganz falsch ist sie nicht. Gleichwohl, bei den hohen Kinder-Zahlen mancher Potentaten dürften Phantasie und politische Kalkulation mitgezählt haben. – Es gibt ja heute noch den Verdacht, dass die Männer nicht heiraten, sondern geheiratet werden.

Die anti-eugenische Praxis der Monogamie wurde allerdings durch andere soziale

Mechanismen eingeschränkt. Erfolglose Männer blieben in der Regel unverheiratet, blieben als mithelfende Arbeitskräfte auf dem Hof, suchten ihr Heil als Söldner oder Auswanderer, wurden bisweilen auch als Sklaven verkauft. War auch der Erbe nicht immer der Geeignetste, so hatten er oder seine Familie doch eine relativ große Auswahl unter den Frauen. Da von denen nicht alle Gelegenheit zur Heirat hatten, muss angenommen werden, dass vor allem befähigte Frauen heiraten konnten und ihre Gene vererbten.

Die neue Sorge: Intelligenz

Zunächst gilt es, ein ungeliebtes, oft wütend bestrittenes Faktum zur Kenntnis zu nehmen: Intelligenz ist zum größeren Teil erblich. Die Angaben reichen von 40 bis 80 Prozent, die meisten liegen im Bereich um 70. Neuerdings sogar in Deutschland mitgeteilt in der Arbeit von Rost (2009 mit zahlreichen Nachweisen). Das sehr gut recherchierte und umfangreiche Buch ist allerdings kaum zur Kenntnis genommen worden. Offenbar ist es immer noch politisch unkorrekt, darauf hinzuweisen. Dieser Umstand ist eine eigene Untersuchung wert.

Bezeichnend für die neueren Arbeiten über Eugenik ist nämlich, dass die Intelligenz der Bevölkerungen im Mittelpunkt der Aufmerksamkeit steht. Wie Lynn und Vanhanen ermittelt haben, besteht ein sehr deutlicher Zusammenhang zwischen dem »IQ and the Wealth of Nations« (2002). Die Arbeit ist bisher wenig beachtet worden, plausible Widerlegungen aber hat es anscheinend nicht gegeben. Wichtige persönliche und gesellschaftliche Merkmale, die mit Intelligenz regelmäßig einhergehen, ermittelten Rindermann (2008) und Meisenberg (2004). Rindermann führt in einer sehr gründlichen Übersichtsarbeit die folgenden

Korrelationen an. (Die Zahlen geben jeweils die Korrelation mit der Durchschnitts-Intelligenz der Bevölkerung an.) Mit Intelligenz positiv korreliert sind: Aufklärung von Kapital-Verbrechen 32, ökonomisches Wachstum 44, gegenseitiges Vertrauen 49, ökonomische Freiheit 52, Brutto-Sozial-Produkt 63, Leistungsfähigkeit der Bürokratie und Herrschaft des Gesetzes 64, schulische Bildung 74, Bildungs-Erfolg 78.

Dem stehen als negative Korrelationen gegenüber: Häufigkeit von Kriegen -22, Tötungs-Delikte -23, HIV-Infektions-Rate -48, Einkommens-Ungleichheit -51, Korruption (hier verstanden als Bestechlichkeit der Behörden) -66, Kinderzahl -73. – Kinderzahl!

Die von Meisenberg angegebenen Korrelationen weisen eindeutig in die gleiche Richtung: Education 81, GDP 82, political Freedom 59, Corruption -82, subjective Wellbeing 43, Gini-Index 36 (Maß für soziale Ungleichheit, 0 = totale Gleichheit, 100 = Vermögen oder Einkommen liegen nur in der Hand eines einzigen). Die Mathematik dieser Arbeiten bringt es mit sich, dass Korrelationen über 80 kaum zu erwarten sind. Das sollte bei der Einschätzung dieser Werte bedacht werden.

Diese und vergleichbare Arbeiten gehen davon aus, dass die Intelligenz nicht gleichmäßig auf der

Erde verteilt ist. Das Faktum ist politisch ganz unkorrekt, aber nicht zu übersehen. Jedem steht es frei, die angegebenen Arbeiten zu widerlegen. Allerdings sind dazu nachvollziehbare empirische Untersuchungen erforderlich. Politisch korrekte Beschwörungen helfen nicht. Übrigens ist auch innerhalb Deutschlands die Intelligenz ungleich verteilt, wie die Musterungen zur Bundeswehr ergeben haben (Ebenrett ua 1999).

(Offenbar ist es in den Augen vieler Menschen unschicklich, über Intelligenz zu reden. Man kann dabei die eigene Intelligenz nicht verleugnen, und die zur Schau zu stellen wird immer als unpassend angesehen. Vielleicht ein Grund dafür, dass von Intelligenz so ungern gesprochen wird. Das darf aber kein Grund dafür sein, sie aus der wissenschaftlichen Diskussion auszuschließen.)

Allerdings ist es schwierig, aus diesen Erkenntnissen Folgerungen zu ziehen für die Zukunft der gegenwärtigen Bevölkerungen. Es kann sich also nur um Vermutungen handeln. Jedoch wäre es auf Dauer unverantwortlich, in der öffentlichen Erörterung diese Zusammenhänge auszublenden und darauf zu vertrauen, dass die derzeit wohlhabenden und friedlichen Länder von einer Entwicklung in die gleiche ungünstige Richtung verschont blieben, wie sie die genannten Forscher ermittelt haben. Das mag man wünschen, aber garantieren kann das niemand. Es dürfte höchst unwahrscheinlich sein.

Intelligenz ist mit einigen physiologischen Größen eindeutig korreliert: Hochintelligente verbrauchen beim Denken weniger Energie, und die Reaktionen auf Reize folgen um etliche Millisekunden schneller (Rost 2009). Das könnte zu dem Versuch führen, mit physiologischen Mitteln die Intelligenz zu erhöhen, also eine Art Intelligenz-Doping zu versuchen. Vermutlich müsste das aber bereits im Embryonal-Stadium geschehen, falls es jemals möglich werden sollte. Ein solches Risiko dürfte niemand für seine Kinder eingehen wollen, zumal immer die Gefahr einer Schädigung besteht. Modell-Versuche an Tieren wären weniger aussagekräftig als bei anderen Fragestellungen. Zudem ergäbe sich die Frage der Bezahlung: Die Kinder derer, die Ihre Intelligenz zu Geld gemacht haben, hätten eine solche Behandlung am wenigsten nötig. Die Bedürftigen dagegen hätten keine Mittel dafür.

Keine Frage kann allerdings sein, dass die seit etwa einem Jahrtausend allgemein durchgesetzte Ehelosigkeit der katholischen Priester und Ordensangehörigen anti-eugenisch wirkte. Da die ehemals sehr zahlreichen Priester zumindest in den letzten Jahrhunderten ausschließlich

Studierte waren, desgleichen viele Ordensangehörige, muss es einen deutlichen Verlust an Begabung, speziell an Intelligenz, in den Ländern mit katholischer Geschichte gegeben haben. Diese Länder belegen denn auch in allen PISA-Tabellen regelmäßig die hinteren Plätze, während die evangelischen zusammen mit den Asiaten auf die Spitzen-Plätze abonniert sind. Für die Ergebnisse in Mathematik, die am deutlichsten mit Intelligenz korreliert sind, hat PISA 2009 die folgende absteigende Reihenfolge ermittelt: Shanghai, Singapur, Hongkong, Südkorea, Taiwan, Finnland, Liechtenstein, Schweiz, Japan, Kanada, Niederlande, Macao (China), Neuseeland, Belgien, Australien, Deutschland, Estland, Island, Dänemark, Slowenien (alle von PISA als eindeutig über dem Mittelwert liegend eingestuft), Norwegen, Frankreich, Slowakei, Österreich, Schweden, Tschechien, Großbritannien, Ungarn (als mittelmäßig angesehen), Luxemburg, USA, Irland, Portugal, Spanien, Italien, Lettland, Litauen, Russland, Griechenland, Kroatien, Dubai, Israel, Türkei, Serbien, Aserbeidschan, Bulgarien, Rumänien, Uruguay, Chile, Thailand, Mexiko, Trinidad und Tobago, Kasachstan, Montenegro, Argentinien, Jordanien, Brasilien, Kolumbien, Albanien, Tunesien, Indonesien, Katar, Peru,

Panama, Kirgistan. – Länder mit eindeutig katholischer Geschichte fehlen bei den überdurchschnittlichen, beginnen beim Mittelwert und häufen sich am Ende. Man wird bedenken, dass diese Befunde nicht von Genetikern erhoben wurden. Von ihnen darf also nicht auf genetisch bedingte Unterschiede zwischen den Völkern geschlossen werden, was die Intelligenz betrifft; sie erlauben allerdings auch nicht die gegenteilige Annahme. Ernährungs-Mangel (Kalorien, Vitamine und Spuren-Elemente) und unzulängliche Schulbildung können durchaus zur Minderung der Intelligenz führen. Was allerdings die Unterschiede zwischen den industrialisierten Ländern nicht erklären würde.

Als Anregung zu korrekten Untersuchungen mag hier ein Text des Kybernetikers Wiener (1953) stehen: »Zu allen Zeiten war der junge gelehrte Mann, insbesondere der Rabbi, ob er auch nur ein Quäntchen praktisches Urteilsvermögen besaß und in der Lage war, Karriere zu machen, oder nicht, der passende Partner für die Tochter des reichen Kaufmanns. Biologisch führte dies zu einer Situation, die sich in scharfem Kontrast zu der Situation der Christen früherer Zeiten befand. Der gelehrte christliche Mann der westlichen Welt wurde ganz und gar von der Kirche vereinnahmt, und ob er nun Kinder hatte oder nicht, wurde doch unzweifelhaft von ihm erwartet, keine zu haben, sodass er im allgemeinen weniger fruchtbar war als die ihn umgebende Gesellschaft. Der jüdische Gelehrte hingegen konnte sich häufig eine große Familie leisten. Auf diese Weise rotteten die Christen mit ihrem biologischen Verhalten aus ihrer Rasse (hier zu lesen wie in den meisten englischsprachigen Texten als Bevölkerung, WM) alle erblichen Eigenschaften aus, die zur Gelehrsamkeit führen, während die Juden diese mit ihrem biologischen Verhalten züchteten. In welchem Ausmaß dieser genetische Unterschied die kulturelle Neigung der Juden zur Gelehrsamkeit verstärkt hat, lässt sich schwer sagen. Aber es gibt keinen Grund anzunehmen, dass der genetische Faktor unerheblich sei.«

Plausibel ist die Häufung der asiatischen Stadtstaaten am Anfang der PISA-Tabellen. Hoch-intelligente zieht es weltweit in die Großstädte, die ihnen mehr Entwicklungsmöglichkeiten bieten. Die Flächenländer Japan, Taiwan und Korea lassen allerdings vermuten, dass die Mongoliden insgesamt überdurchschnittlich intelligent sind. Ihre Vorfahren waren während der letzten Eiszeit zwischen Tibet und dem Eismeer gefangen, wo beim Überleben offenbar eine hohe Intelligenz sehr hilfreich war.

Zu den Befunden der asiatischen Städte kontrastiert auffällig das schwache Abschneiden der deutschen Stadtstaaten. Vermutlich sind die überdurchschnittlich Intelligenten schon im letzten Jahrhundert dahin gezogen, haben aber dann zu wenige Kinder hinterlassen, genau wie ihre Nachkommen heute. Der auffällige Befund bedarf dringend einer gesonderten Untersuchung.

Aber Bayern! Das gute Abschneiden der bayrischen Schüler widerspricht der Regel, dass die katholischen Länder die weniger erfolgreichen sind. Es könnte daran liegen, dass die guten Ergebnisse von Kindern eingewanderter Akademiker erbracht wurden. Bekanntlich produzieren die Bayern die benötigten Akademiker nur zum Teil selbst, weil sie weniger Schüler zum Abitur führen. Das hat zur Folge, dass viele Akademiker einwandern müssen und dass deren Kinder das durchschnittliche intellektuelle Niveau heben. Die PISA-Ergebnisse erlauben allerdings diesen Schluss nicht. Also sollte das auffällige Faktum untersucht werden.

Für jemanden, der mit Populations-Dynamik vertraut ist, sind die Ergebnisse nicht überraschend. Zwar beteuert PISA wortreich, keine Intelligenz gemessen zu haben – was streng genommen richtig ist – muss aber doch zugeben: »Die Korrelationen zwischen Intelligenz und Schulerfolg gehören zu den höchsten in der Psychologischen Diagnostik.« (2008) PISA hat also Intelligenz ermittelt, so zuverlässig wie durch spezielle Intelligenz-Tests. (Nachgewiesen inzwischen durch mehrere Arbeiten, u. a. von Lehrl 2005, Rindermann 2007, Antwort von PISA und Replik von Rindermann 2008, Weiss 2005 und 2009.) PISA vermeidet das Wort Intelligenz wie die Victorianischen Engländer das Wort Sex. Warum, wurde bis heute nicht mitgeteilt. Es dürfte einmal als der entscheidende Mangel der PISA-Arbeiten angesehen werden, dass die Intelligenz der Untersuchten nicht mit in die Interpretationen einbezogen wurde. Das hätte unschwer geschehen können, da PISA nach eigenen Angaben den KFT (kognitiver Fähigkeitstest von Heller und Perleth) eingesetzt hat.

Also kommt Eugenik wieder, und wir sollten uns darauf einstellen. Es wird aber nicht die alte sein, die Männer-Eugenik, die Gesundheit und Tüchtigkeit der Rasse oder Bevölkerung als oberstes Ziel ansah. Eine andere Sorge wird zunehmend geäußert: Die Menschheit als ganze oder zumindest größere

Teile von ihr könnten dümmer werden. Etliche Publikationen machen deutlich, dass der im letzten Jahrhundert beobachtete Anstieg der Intelligenz an sein Ende gekommen ist: der berühmte Flynn-Effekt, in der DDR auch optimistisch Intelligenz-Akzeleration genannt (Flynn 1987 und öfter). Seit dem Ende des Jahrhunderts wird vermehrt eine gegenteilige Entwicklung berichtet (u. a. Lynn 1996 und öfter, Meisenberg 2008, Rindermann 2008, Weiß 2000 und 2005). Lynn rechnet für die USA mit einem IQ-Abstieg von etwa drei Punkten im laufenden Jahrhundert. Weiss schätzt den durchschnittlichen IQ der gegenwärtigen deutschen Mütter auf 96, was sehr plausibel erscheint angesichts der Tatsache, dass hochintelligente Frauen im Durchschnitt weniger als ein Kind haben, Frauen ohne Schulabschluss und Ausbildung dagegen zwei (Schwarz 1999). Eine Abnahme um nur drei IQ-Punkte im laufenden Jahrhundert könnte also für Deutschland eine zu optimistische Schätzung sein. Entsprechend wurde Besorgnis geäußert, und die erwartete Entwicklung wurde gelegentlich ausdrücklich als eine dysgenische bezeichnet, so von Lynn. Es sind deshalb Überlegungen darüber angebracht, wie eine neue Eugenik aussehen könnte und sollte.

Im Mittelpunkt der Besorgnis stehen also nicht mehr die Sorgen der alten Eugeniker: Befreiung von Erbkrankheiten, »Tüchtigkeit der Rasse«, Erhaltung der Weltmachtstellung, militärische Kampfkraft, sondern die Intelligenz der Bevölkerungen. Mit Recht: Die für die Gegenwart und absehbare Zukunft entscheidende menschliche Qualität ist die Intelligenz. Dem Einzelnen verschafft sie zuverlässig eine angesehene Position und Einkommen, der Bevölkerung wirtschaftlichen und politischen Wohlstand und Erfolge in den Wissenschaften. Kein Zweifel, auch andere Persönlichkeitsmerkmale sind erforderlich und wünschenswert: Ausdauer, Verträglichkeit, Sensibilität, Neugier, Zielstrebigkeit. Intelligenz ersetzen können sie nicht.

Intelligenz ist nicht alles, aber ohne Intelligenz ist alles nichts.

Die PISA-Arbeiten gleichen insofern einem Lehrbuch der Medizin, in dem der Kreislauf nicht vorkommt. Nicht übersehen: Auch die anderen menschlichen Eigenschaften haben ihren genetischen Anteil, der aber im Allgemeinen mit 40 bis 50 Prozent angegeben ist.

Schwachintelligente dagegen haben zunehmend Schwierigkeiten, überhaupt einen Arbeitsplatz und also einen anerkannten Platz in der Gesellschaft zu finden. Anspruchslose

Arbeiten werden von Maschinen verrichtet. Im Hamburger Hafen arbeiteten noch nach dem letzten Krieg 14.000 Menschen beim Be- und Entladen der Schiffe. Heute sind es noch 2.000, obwohl sich der Umsatz vervielfacht hat. Wer Säcke schleppen kann, kann nicht unbedingt eine Container-Brücke bedienen. Die Aufmerksamkeit der eugenisch Besorgten ist denn auch vor allem auf die Intelligenz der Einzelnen und der Bevölkerungen gerichtet. In den USA galten einmal Menschen mit einem IQ von unter 70 als schwer vermittelbar. Inzwischen ist die Grenze auf 85 gestiegen.

So nicht

Angesichts der Mängel und Torheiten der alten Eugenik ist es angebracht, ihre Fehler und Unklarheiten deutlich zu bezeichnen. Insbesondere alle ethisch nicht hinnehmbaren Bestrebungen und Praktiken müssen benannt, widerlegt und zurückgewiesen werden.

Männer-Eugenik. – Die ältere europäische Eugenik – begründet von Galton in England (1883), von Schallmeyer (1891) und Ploetz (1995) in Deutschland, wahrscheinlich unabhängig von Galton – war eine Männer-Eugenik, eindeutig in der Tradition des Patriarchats und seiner Züchter-Erfahrung. Frauen waren fast nicht vertreten, und wenn, dann übernahmen sie den männlichen Standpunkt. Der machte sich auch in den Zielen deutlich. Alle Menschen waren damals Vieh-Züchter oder glaubten etwas von Züchtung zu verstehen. Wenn die gleichbleibende Qualität des Viehs von einer sorgfältigen Zuchtwahl abhängt, warum nicht auch die Fortpflanzung des Menschen? Auch kannte man nicht den Unterschied von Natur- und Zuchtrasse, also den Umstand, dass der Rassenbegriff der Züchter auf den Menschen nicht anwendbar ist (Meyer 2008).

Militarismus. – Der erste, von dem Überlegungen zur Eugenik überliefert sind, war Plato (etwa 350 v. u. Z). Er begründete in seinem berühmten Werk Politeia eine militaristische Eugenik: Männer, die sich »im Krieg und auch sonst« bewährt haben, sollten, begünstigt durch »eine Art feiner Lose«, vermehrten Zugang zu den Frauen haben, die ihrerseits gemeinsames Gut des Staates waren, wie die Männer übrigens auch. Die Ehe sollte abgeschafft werden. Sorge um die militärische Überlegenheit äußerten fast alle Eugeniker nach Galton. Nach vielen bösen Erfahrungen ist inzwischen weitgehend anerkannt, dass die äußere Sicherheit einer Bevölkerung oder eines Gebietes vor allem politisch garantiert werden muss. Zudem lässt weltweit die Überproduktion von jungen Männern nach, die stets zu Unruhen und Kriegen geführt hat, gelegentlich auch zu Genozid (Heinsohn 2006). Allerdings gibt es zu diesem Nachlassen der Überproduktion noch bedauerliche Ausnahmen, vor allem in streng islamischen Ländern und südlich der Sahara. Es dürfte langfristig dazu kommen, dass Staaten international geächtet werden, deren Bevölkerung sich vermehrt.

Rassismus. – Die beliebte Gleichsetzung von Eugenik und Rassismus ist nachweislich falsch.

Auch die in Deutschland verbreitete Bezeichnung Rassen-Hygiene, von Ploetz (1895) eingeführt, meinte ursprünglich Rasse im biologischen Sinn, passte allerdings später perfekt in die NS-Propaganda. Im englischen Sprachgebrauch, den Ploetz in Amerika kennengelernt hatte, bedeutet Rasse regelmäßig Bevölkerung, auch in vielen deutschen Arbeiten vor 1933. Meint der Engländer Rasse im engeren Sinne, sagt er gewöhnlich pedigree oder breed. Bezeichnend ist: In der »Gesellschaft für Rassen-Hygiene« waren auch Juden. Bei denen war die Sorge um eine zahlreiche und gesunde Nachkommenschaft eine durch Jahrtausende gepflegte, religiös gestützte Tradition. Ploetz selbst war der vernünftigen Meinung, Juden und andere sollten sich vermischen, weil das zu einer Hebung der Qualität der Bevölkerung führen würde.

Allerdings gab es deutliche rassistische Bestrebungen, vor allem in Deutschland und den USA, die in Deutschland in dem schrecklichen Holokoust gipfelten, der tatsächlich das größte anti-eugenische Verbrechen der Geschichte war. Denn die durchschnittliche Intelligenz der aschkenasischen Juden (das sind fast alle deutschen und ost-europäischen Juden) wird in allen Arbeiten mit etwa 115 angegeben, also eine Standard-Abweichung über der der nichtjüdischen Bevölkerung. Deshalb war unvermeidlich der Anteil der Juden an Hochintelligenz-Berufen und ihrem Einkommen deutlich höher als der bei den Nichtjuden.

(Das Faktum der hohen jüdischen Intelligenz wie auch die im Vergleich zu den anderen stärkere Vermehrung der Juden – in der Vergangenheit, nicht in der Gegenwart – wird in den Arbeiten über den Antisemitismus gewöhnlich übersehen oder ausgeblendet. Man kann aber nicht bestreiten, dass eben diese ein wesentlicher Grund für Neid, Missgunst und Ängste der anderen war, zumal hohe Intelligenz regelmäßig Einfluss und gutes Einkommen zur Folge hat (Meyer 2008). Neuerdings hat Aly (2011) wieder darauf hingewiesen.)

Derzeit sieht es so aus, als würde der Begriff Rasse für Menschen-Populationen generell aufgegeben. Das quasi-amtliche deutsche Lehrbuch der Anthropologie, herausgeben und verfasst im Auftrag der Gesellschaft für Anthropologie von vier Frauen (Grupe u. a. 2001), vertritt den Standpunkt, dass der Rasse-Begriff auf den Menschen nicht anwendbar ist, erklärt ihn rund heraus für essentialistisch (was allerdings nicht zwingend ist), macht aber auch keinen Ersatzvorschlag. Menschliche Qualitäten aller Art und Ausprägung gibt es in allen Populationen, sodass es für eine Bevorzugung oder Benachteiligung von Menschen bestimmter Rassen – oder was man dafür hält – keinen sachlichen Grund geben kann, also auch keine ethische oder politische Begründung. Für die Zeugung besonders geeignete und erwünschte Gene gibt es in allen Rassen.

Ehegenehmigungen. – Unter verschiedenen Bezeichnungen waren sie bekannt: Ehe- und Familien-Beratung, Austausch von Gesundheitszeugnissen vor der Ehe; gelegentlich wurde sogar gefordert, die Eheschließung von einer Genehmigung abhängig zu machen. Was heute kaum noch glaubhaft ist: Man versprach sich von Eheverboten oder -erschwernissen die Verhinderung von Geburten. Praktische Bedeutung erhielten diese Bestrebungen nicht. Abgesehen davon, dass aus ethischen Gründen kaum zu begründen ist, was über Beratung hinausgeht.

Sterilisation. – Viele Eugeniker vor 1933 hielten die dauernde Unfruchtbarmachung für erforderlich. Etliche Staaten (Deutschland ab 1933, Staaten in den USA und Skandinavien) hatten Sterilisationsgesetze, die eine Sterilisierung auch gegen den Willen des Betroffenen ermöglichten. Das deutsche Gesetz war seit 1928 in der ministeriellen Planung, wurde von der NS-Regierung nahezu unverändert übernommen, allerdings mit Zwangsmaßnahmen ausgestattet. Derzeit sind alle diese Gesetze aufgehoben. Sterilisierungszwang gilt allgemein als ethisch nicht vertretbar, aber auch als weitgehend überflüssig. Menschen mit genetischen Mängeln sind keine gesuchten Partner, werden auch von ihren Ärzten bei Verdacht auf die Möglichkeit einer genetischen Beratung hingewiesen. Institute, die Spenden vermitteln, sollten allerdings deutlich machen, dass sie nur Spenden von Menschen im Angebot haben, die nach bestem Wissen genetisch gesund und hochintelligent sind. Und sie sollten entsprechend werben.

Das schließt nicht aus, dass Einzelne sich sterilisieren lassen können, wenn sie einen Arzt dafür finden. Gewöhnlich geschieht das zur Familienplanung. Sind bereits Kinder vorhanden und sollen weitere Schwangerschaften vermieden werden, so ist aus ethischen Gründen kaum etwas dagegen zu sagen. Eine Sterilisation ausschließlich zwecks Vermeidung einer Zeugung dürfte auch in Zukunft als ethisch nicht vertretbar angesehen werden außer in den Fällen, in denen eine Erbkrankheit oder Behinderung ausgeschlossen werden soll. Wie oft dies derzeit schon geschieht, scheint nicht bekannt zu sein. Berichtet wird nur von Einzelfällen. Vielleicht werden entsprechende Ratschläge häufiger gegeben als bekannt wird.

Insbesondere ist zu bedenken: Die meisten Behinderungen sind nicht erblich, können also auch nicht verhindert werden außer durch eine vorgeburtliche Untersuchung, aber auch dadurch keineswegs in allen Fällen. Die Übertragung der geläufigen Erbkrankheiten kann ausgeschlossen werden durch eine PID (Prä-Implantations-Diagnostik vor der Schwangerschaft) oder Abtreibung. Diese Möglichkeiten kannte die ältere Eugenik nicht. Abtreibung und Sterilisation galten als sittenwidrig und strafbar. Deshalb wurden Gesetze für notwendig erachtet, die eine Sterilisation erlaubten. Gegen ein solches Gesetz ist aus ethischen Gründen nichts einzuwenden, es ist aber überflüssig, weil jeder sich sterilisieren lassen kann, der einen Arzt dafür findet. Das nicht Begründbare ist der Zwang – unter anderem deshalb, weil er nahezu überflüssig ist.

Die Sorge, Behinderte könnten durch solche Überlegungen diskriminiert werden, ist unbegründet. Viele leisten wertvollere Arbeit als Nichtbehinderte, ihre Leistungen bei den Paralympischen Spielen werden weltweit bewundert. Ich verdanke es einem blinden Orgellehrer, dass ich bereits als Pennäler eine Organisten-Stelle hatte und mein Studium selbst finanzieren konnte.

Diese Überlegungen sind gegenstandslos, wenn Frauen sich eugenisch verhalten, also ihre Kinder aus Sperma von Männern ihrer Wahl zeugen. Männer mit erblichen Mängeln werden dann nicht gewählt werden. Erfolgreiche Behinderte dagegen könnten durchaus bevorzugt werden, sofern ihre Behinderung nicht erblich ist. Sie haben einen Beweis an Tüchtigkeit erbracht, der den anderen nicht möglich ist.

Politik. – Die gegenwärtig übliche Verortung der Eugenik im rechten politischen Spektrum ist für die Zeit vor 1933 eindeutig falsch. Wie der Historiker Schwarz ermittelt hat (1993 und 2000), kamen die meisten Aktivitäten in Deutschland aus dem linken Spektrum, dem allerdings die rassistische Schieflage fehlte. Auch die deutschen Gründer Schallmayer und Ploetz waren überzeugte Sozialisten und forderten eine »Verstaatlichung des ärztlichen Standes«, so im Titel des Buches von Schallmayer (1891). Der eifrige Eugenik-Befürworter Ploetz wurde nach dem ersten Weltkrieg angesichts der vermutlich anti-eugenischen Kriegsverluste Pazifist und Kandidat für den Friedens-Nobel-Preis. Politiker und Publizisten, die sich für links halten und gegen Eugenik polemisieren, kennen ihre eigene Geschichte nicht. (Es scheint vergessen zu ein, was das Wort »sozial« einmal bedeutete: gemeinsam mit anderen, nicht individuell oder emanzipiert oder auf Kosten anderer, was heute zumeist darunter verstanden wird.)

Nationalismus. – Viele Begründungen der alten Eugenik waren nationalistisch: Sorgen um Weltmacht-Stellung, militärische Überlegenheit, Wirtschaftskraft waren verbreitet, keineswegs nur in Deutschland. Galton meinte gar, die Völker mit den entschiedensten eugenischen Bemühungen würden in Zukunft die führenden sein. Die Sorge – oder Hoffnung, wie man will – ist zum Glück unbegründet. Gelänge es tatsächlich einer Bevölkerung, durch eugenisches Verhalten eine überdurchschnittlich hohe Zahl von Hochintelligenten zu zeugen, so würden die Überzähligen ihr Glück im Ausland suchen, wo ihnen die besten Bedingungen geboten werden, wie es bereits heute weitgehend geschieht. Zur Qualität von Hochbegabten gehört regelmäßig ihre geistige und räumliche Beweglichkeit. Sie werden den Ort suchen und finden, wo ihnen die besten Arbeits- und Verdienstmöglichkeiten geboten werden. Die Kunst der Politik besteht darin, diese zu gewährleisten. Man kann ja Menschen nicht mehr einmauern. – Allerdings dürfte es noch lange dabei bleiben, dass eine der

Eugenik freundliche Politik nur im nationalen Rahmen möglich ist. Internationale Bemühungen sollten jedoch das Ziel sein, am besten koordiniert durch die UNO.

Unterschicht. – Die ernstere Sorge sollte eine andere sein: Alle modernen Gesellschaften erzeugen eine chancen- und arbeitslose Unterschicht, die sich stärker vermehrt als die übrige Bevölkerung, wie es scheint in allen Ländern. Die schwach Begabten sammeln sich in der Unterschicht, weil sie keine Aufstiegschancen haben, finden nur dort ihre Partner und können da nichts anderes vererben als ihre Gene. Lehrer und Fürsorger könnten davon berichten, wenn sie es sich zutrauen würden. Im Jargon der Ämter heißen diese Menschen dann »unser Sozialhilfe-Adel«. Wie diese Entwicklung zu bewerten und auf sie zu reagieren ist, darüber verweigern derzeit noch Wissenschaft und Publizistik jeden Diskurs, auch dann, wenn sie das Problem kennen. Das dürfte die bedauerliche Folge haben, dass sich irgendwann Alarmisten und Scharlatane über das Problem hermachen.

Alarmismus. – Aus heutiger Sicht muss bedenklich erscheinen, wie schmal die wissenschaftliche Datenbasis vor 1900 für weit reichende eugenische Überlegungen und Folgerungen war. Noch nicht bekannt waren:

» Die Mendelschen Gesetze; sie waren zwar schon 1865 publiziert, aber erst im Jahre 1900 bekannt geworden. (Beförderten dann allerdings die irrige Vorstellung, für jedes Merkmal sei nur ein Gen zuständig. Jemand soll sogar ein Gen für Vaterlandsliebe gesucht haben.)

» Verbreitet waren die Vorstellungen von einer nicht näher bestimmten »Erbmasse« und vom Blut als Überträger der Vererbung.

» Das Gen; ob es überhaupt materielle Informationsträger gab, war keineswegs allgemeine Annahme. Die essentialistische Vorstellung wurde erst unmöglich, als um 1910 bekannt wurde, dass harte Strahlung Mutationen auslöst.

» Populationsgenetik. Das Hardy-Weinberg-Gesetz, das die Verteilung der Gene in der Population beschreibt, wurde erst 1908 bekannt (und noch später Allgemeingut). Seitdem erst weiß man, dass es kaum Menschen geben kann, die von nachteiligen rezessiven Genen frei sind. (Das unglückliche Wort »Rassenhygiene« hatte die Vorstellung nachgelegt.) Dadurch wurde eine Erfassung aller Überträger von Erbkrankheiten praktisch unmöglich, was besonders eifrige Eugeniker für nötig hielten.

» Es gab viele Spekulationen über die Einflüsse der Umwelt und der Lebensweise auf die »Erbmasse«. An eine Unzahl von möglichen Ursachen wurde gedacht: Syphilis, Tuberkulose, Prostitution, sitzende Lebensweise, praktisch alle Genuss-Gifte. ... Die Liste verlängerte sich unaufhörlich.

» Die Keimbahn war noch nicht entdeckt. Damit fehlte die Erkenntnis, dass nur Gene vererbt werden, nicht dagegen Merkmale und Eigenschaften, die ihrerseits stets durch ein Zusammenwirken von – meist mehreren – Genen und Umwelt entstehen.

» Eine wissenschaftliche Human-Genetik gab es noch nicht. Die erste monogene Erbkrankheit wurde zwar 1902 beschrieben, eine wissenschaftlich begründete Beratung wurde aber erst seit den 1960er-Jahren möglich, verbreitete sich dann aber schnell in Ost und West, war in der DDR – bezogen auf die Bevölkerung – häufiger als im Westen.

» Die Lamarckistische Annahme, dass sich erworbene Eigenschaften vererben, war noch verbreitet.

(Inzwischen ist durch die Epi-Genetik bekannt geworden, dass Gene während des Lebens verändert werden können. Die Veränderung ist auch in weiteren Generationen nachweisbar, aber offenbar nicht von Dauer. Dass sich eine Eigenschaft im Sinne der Lamarckisten durch Gebrauch oder gar durch ein inneres Bedürfnis vererbt, ist jedoch nicht bekannt geworden. Das »Dogma von der Nicht-Erblichkeit erworbener Eigenschaften« bleibt bis zum Beweis des Gegenteils bestehen.)

Angesichts dieser Sachlage erscheint es im Nachhinein sehr mutig, wie weit die Vorschläge der Eugeniker reichten. Ihr Denken war offenbar überwiegend oder ausschließlich deduktiv: Darwin hatte erkannt, dass die Qualität einer Bevölkerung (von ihm oft Rasse genannt, auch ein Grund für zahllose Irrtümer!) durch Selektion erhalten werden muss. Die Übertragung dieser Erkenntnis auf den Menschen kann zwar nicht als grundsätzlich falsch angesehen werden. Dass allerdings eine Population schnell durch Selektion geändert wird, war ein Fehlurteil. Daher der hektische Alarmismus vieler Eugeniker. Man glaubte auf gesicherte Erkenntnisse nicht warten zu können.

Staats-Eugenik. – Vor allem in Deutschland war die Vorstellung verbreitet, der Staat müsse die Fortpflanzung seiner Bürger steuern. Zu dem Zweck sollten die Ärzte Beamte werden und als solche auf die Fortpflanzung Einfluss nehmen. Die schärfsten Staatseugeniker waren sowjetische Kommunisten vor Stalin. Sie vertraten die Meinung, der sozialistische Mensch müsse von Staats wegen auch biologisch gezüchtet und so für die kommunistische Zukunft zugerichtet werden. Überflüssig zu sagen, dass derartige Bestrebungen in einem humanen Land ausgeschlossen sind.

Futuristische Phantasien. – Was Nietzsche genau mit dem Übermenschen meinte, ist unklar geblieben. Vielleicht meinte er eine Spezies, die sich von Menschen unterscheidet wie dieser vom Affen. (»Der Mensch ist ein Seil, geknüpft zwischen Affe und Übermensch, ein Seil über einem Abgrund«, 1883/5). Wir können uns zwar Menschen vorstellen, die stärker, gesünder, intelligenter, kooperativer, freundlicher sind als wir, aber kein Lebewesen, das sich vom Menschen unterscheidet wie Menschen von Tieren. Wie es scheint, ist das auch noch keinem zukunftstrunkenen Philosophen gelungen. Sloterdijks »Regen für den Menschenpark« sind gleichfalls undeutlich geblieben.

Das gleiche muss gesagt werden zu den utopisch-futuristischen Phantasien, die auf dem berühmt-berüchtigten Ciba-Symposion 1962 geäußert wurden: etwa Menschen zu züchten, die für Weltraumfahrt und andere technische Aufgaben besonders geeignet sind (Wostenholm 1965). Eine Schwierigkeit wurde dabei (absichtlich?) nicht bedacht: Es müssten Menschen gefunden werden, die sich oder ihre Kinder für solche Experimente hergäben. Wie es scheint, ist an keinen der Teilnehmer eine entsprechende Frage gerichtet worden.

Auch die spektakuläre Zweiteilung der Menschheit in Genreiche – durch gentechnische Manipulation verbesserte – und Naturbelassene (Silver 1997) ist eine ganz unrealistische Befürchtung. Möglich wäre sie – Machbarkeit und Erlaubtheit vorausgesetzt – nur unter der Bedingung, dass über Jahrhunderte hin eine sexuelle Verbindung zwischen den beiden Gruppen verhindert würde. Eine solche Machtfülle ist bisher nicht bekannt geworden, selbst in den übelsten Diktaturen nicht.

Ausrottung von Erbkrankheiten. – Die von schädlichen Genen freie Bevölkerung ist eine Utopie. Nachteilige Gene entstehen durch die unvermeidlichen Mutationen regelmäßig neu. Schätzungen gehen dahin, dass davon bis zu zwanzig Prozent aller Neugeborenen betroffen sind. Von etlichen Mutationen sind sogar die ungefähren Häufigkeitsziffern bekannt (für

Chorea Huntington z. B. eine auf etwa 60.000 Geburten). Andererseits wird geschätzt, dass nahezu alle Menschen mit einigen rezessiven Genen belastet sind, die beim zufälligen Zusammentreffen eine Erbkrankheit verursachen. Ein Mittel, Mutationen zu verhindern, ist nicht bekannt. Auch die Vermeidung von Giften und harter Strahlung kann allenfalls einen Promille-Satz von Mutationen verhindern, vor allem nicht bestimmte Mutationen. Andererseits wirkt die human-genetiche Beratung einer Verbreitung dieser Gene entgegen. Ob dadurch die Zahl der nachteiligen Gene kleiner wird, kann derzeit nicht gesagt werden. Zutreffen könnte das allenfalls für Bevölkerungen mit guter medizinischer Versorgung.

Die Eugenik-Lücke

Sind diese Übertreibungen, Fehldeutungen, Frivolitäten der Grund für das Verschwinden der Eugenik aus der öffentlichen Aufmerksamkeit nach 1945? Zum großen Teil sicher. Fast alle Biologie-Bücher, die sich an ein nicht-fachliches Publikum wandten, auch noch in den 50er-Jahren, wiesen auf die Notwendigkeit einer Eugenik hin. Danach verschwanden diese Hinweise nahezu vollständig. Bücher, auch solche für Pädagogen und andere Wissenschaftler, die unterschiedliche Intelligenz und sonstige Begabung der Schüler berücksichtigen, wurden nicht mehr veröffentlicht. Das ist bisher weder untersucht noch diskutiert worden.

Ein anderer, vielleicht der entscheidende Grund für das Verschwinden der Eugenik aus der öffentlichen Aufmerksamkeit dürfte eine Veränderung der politisch-publizistischen Großwetterlage in den 60er-Jahren sein, offenbar in allen Ländern. Erkenntnisse aus Human-Biologie und Differenzieller Psychologie wurden regelmäßig verteufelt, mindestens entschlossen verdrängt. Hinweise auf erbliche Unterschiede zwischen Menschen waren verpönt. Man musste so tun, als wären alle Menschen von Natur aus gleich. Wer auf

Unterschiede aufmerksam machte, stand fortan unter Faschismus-Verdacht. Unvorsichtige wurden regelmäßig gemobbt – Jensen und Eysenck waren nicht die einzigen – und an ihrer Arbeit gehindert. Eysencks Sohn musste unter falschem Namen studieren. Der Gründer der Soziologie, Durckheim, hatte gesiegt: Soziales darf nur durch Soziales erklärt werden. Die Spät-Marxisten der Frankfurter Schule konnten sich die Hände reiben. Der vorübergehend viel gelesene spanische Philosoph Ortega y Gasset hatte noch eins drauf gesetzt: Der Mensch hat keine Natur, er hat Geschichte. Hätte er doch nur zur Kenntnis genommen, dass auch das Gehirn des Menschen seine Geschichte hat, eine evolutionäre, die vor allem im Althirn fortwirkt!

Ferner ist zu bedenken, dass es nicht höflich ist, auf die eigene Intelligenz hinzuweisen. Wer aber publiziert, gibt unvermeidlich eine Probe seiner Intelligenz ab, auch wenn er es nicht erwähnt. Deshalb verleugnet er gern, dass Intelligenz wichtig ist. Es sei wie beim Geld, hat ein Spötter gemeint: Man spricht nicht davon, man hat es. Und entgeht so der Notwendigkeit darüber nachzudenken, was mit denen ist, die nicht genug davon haben.

Wird es in den nächsten Jahrzehnten eine Rückkehr zu einem realistischen Menschenbild geben? Ein Lichtblick könnte das sehr informative Buch von Rost (2009) sein, das korrekt und mit zahlreichen Nachweisen über die Erblichkeit von Intelligenz berichtet. Allerdings ist es bisher kaum beachtet worden. Ob Wissenschaften und Publizistik die Anregung aufgreifen, scheint derzeit offen zu sein. Was regelmäßig bedacht werden sollte: Nie hat es einen Biologismus gegeben, der die spiegelbildlich gleichen Einseitigkeiten vertrat wie der immer noch verbreitete Soziologismus. Selbst Hitler war der Meinung, die Deutschen müssten energisch zum Heldenmut erzogen werden. Vielleicht hatte er damit sogar Recht.

Sondern so:

Die Lehre aus den nicht verdrängten Erkenntnissen über menschliche Unterschiede für eine zukünftig mögliche und ethisch vertretbare Eugenik ist eindeutig: Frauen sollten tun, was sie und ihre tierischen Vorfahren schon immer getan haben:

Für die Kinder die besten Gene wählen.

So haben die Kinder die besten Chancen, erfolgreiche, gesunde und zufriedene Menschen zu werden, die auch ihren Eltern Freude und Genugtuung schenken. Und die Bevölkerungen bekommen dadurch Menschen, die eine hoffnungsvolle Zukunft erwarten lassen. Frauen haben mit dieser Wahl die Evolution entscheidend beeinflusst, und zwar eindeutig positiv. Dass die Menschen sich über den Tier-Status erhoben, ist vor allem der eugenischen Intuition der Homininen-Frauen zu verdanken. Die Aktivität der Männer für die Evolution ist mit Sicherheit unbedeutender gewesen, abgesehen davon, dass auch sie neue Gene beisteuerten.

Kein Zweifel: Die gegenwärtig verbreitete Monogamie erschwert den weiteren eugenischen Fortschritt. Wenn alle Frauen einen Mann für sich allein haben wollen, werden auch alle Männer geheiratet. Naturgemäß wollen diese dann die genetischen Väter ihrer Kinder sein – die meisten jedenfalls. Es gibt durchaus Väter, die einer Samenspende zugestimmt haben. In der Regel dann, wenn sie selbst unfruchtbar oder mit einer Erbkrankheit belastet waren. Ob diese Fälle derzeit häufiger werden, kann nicht gesagt werden. Offenbar gibt es eine Scheu, das zu untersuchen. Vereinzelt wird in Geburtsanzeigen außer dem Arzt und der Hebamme auch dem Samenspender gedankt. Seit Lessing sollte man wissen, dass nicht nur »das Blut« den Vater macht. Viele gute Stiefväter und Vielleicht-Väter beweisen es. Andere als die väterlichen Gene sind oft für das Kind vorteilhafter.

Hier kann und soll nichts gegen eine lebenslange Ehe gesagt werden. Durch Propaganda oder Vorschriften könnte sie nicht abgeschafft, aber auch nicht am Leben gehalten werden. Derzeit wird jedoch weltweit beobachtet, dass sie ihre alleinige Gültigkeit verliert. Da die Frauen allgemein selbständiger und wohlhabender sind, nimmt bei beiden Geschlechtern die Neigung zu, den Partner zu wechseln, bei Frauen häufiger als bei Männern. Wahrscheinlich wird dadurch nur der ursprüngliche Zustand wiederhergestellt. Die Anthropologin Hrdy (2010) kommt aufgrund zahlreicher

Studien zu dem Ergebnis: »Flexibilität war und ist das Kennzeichen der menschlichen Familie.« Zu Deutsch: Die Patchwork-Familie war der geschichtliche und vorgeschichtliche Normalfall. Die ausschließliche Mutter-Kind-Bindung kommt bei unseren nichtmenschlichen Verwandten zwar vor, kann aber für den größten Teil der Homininen-Evolution ausgeschlossen werden. Das Leben auf dem Erdboden, das sehr wahrscheinlich schon vor dem Ardipithekus vor 4,4 Millionen Jahren begann, machte die Kinder beweglich, und ihre soziale Neugier sorgte für Kontakte mit den anderen Horden-Mitgliedern. Es erlaubte auch eine größere Kinderzahl, da die Mütter ihre Kinder nicht jahrelang tragen müssen wie die nicht-menschlichen Hominiden. Vielleicht war das der entscheidende Vorteil der Homininen, der ihnen in der Menschen-Evolution das Überleben sicherte, vor allem wohl dadurch, dass das Leben der Kinder auf dem Boden eine schnellere Geburten-Folge ermöglichte.

Es ist also möglich, soziale und genetische Vaterschaft zu trennen. Der größte Widerstand gegen eine solche Entwicklung dürfte der Umstand sein, dass jeder Vater für seine Kinder aufkommen muss, auch für seine nicht-genetischen, wenn er sie anerkennt, aber auch dann, wenn er mit der Partnerin zusammen lebt, ohne genetischer Vater ihrer Kinder zu sein. Es sollte deshalb eine grundsätzlich andere Regelung gelten:

Die finanziellen Kosten für die Kinder tragen die Kinderlosen.

Die haben ja auch den größten Vorteil von ihnen: Die Kinder müssen für die Renten der Kinderlosen aufkommen. Ihre eigenen Eltern stehen als Rentner oft schlechter da, vor allem, wenn sie zugunsten ihrer Kinder vorübergehend oder langfristig auf »sozialversicherungspflichtige Arbeit« verzichtet haben.

Aber Vorsicht mit dem Kindergeld deutscher Art: Es ist vor allem für Arme, also meist Unbegabte, ein Anreiz zum Kinderzeugen. Die Statistiken zeigen es in aller Deutlichkeit. Zwar ist es eine boshafte Übertreibung zu behaupten, es sei eine Subvention für Alkohol- und Tabakproduzenten oder Hersteller von Flachbildschirmen; aber ist es ganz falsch?

Vorbilder

Es gibt eine wie es scheint zunehmende Zahl von unverheirateten Frauen, die sich ein Kind wünschen. Oft sind es die hochintelligenten, die als Partnerinnen nicht sehr begehrt sind oder die sich mit einem weniger begabten Partner nicht abfinden mögen. Sie haben nur ein Sechstel der Heiratschancen einer durchschnittlich intelligenten Frau. Die US-amerikanische Forscherin Eiduson berichtete bereits 1980 über Frauen, die sie nest-builders nannte: »Sie hatten ihre Schwangerschaft bewusst geplant und den Vater des Kindes gezielt ausgesucht. Sie lebten allein und unterschieden sich von den übrigen Frauen der Stichprobe durch ihre höhere Bildung und stärkeres Karrierestreben. Sie zeigten in öko-nomischer, sozialer und psychischer Hinsicht die höchste Zufriedenheit mit ihrer Situation.« (Eiduson 1980, Übs. Nave-Herz) Diese Frauen haben auch einen Verein gegründet: SMC (Single mothers by choice), der sich erfreulich sachlich und unspektakulär im Internet darstellt. Bei Wikipedia werden sie (11.2011) wie folgt be-schrieben: »Typischerweise handelt es sich bei den Vereinsmitgliedern um Karrierefrauen in den 30ern oder 40ern, die befürchten, innerhalb ihrer fruchtbaren Jahre keine geeigneten Partner mehr zu finden. Diese Frauen versuchen entweder durch Samenspende ein Kind zu empfangen oder sie adoptieren ein Kind. Dabei nehmen sie bewusst in Kauf, keine finanzielle Unterstützung vom Kindsvater zu erhalten und das Kind möglicherweise dauerhaft allein erziehen zu müssen.« Der Verein macht keineswegs Propaganda für uneheliche Mutterschaft. Mitglieder sind auch Frauen, die adoptiert haben, und solche, die nach einer Enttäuschung keine weitere Partnerschaft eingehen wollen. Wahrscheinlich sind auch Frauen darunter, die in jungen Jahren, durch feministische Propaganda angeregt, auf Kinder verzichteten, aber später umso heftiger einen Kinderwunsch verspürten.

Diese Frauen brauchen nicht den Rat, ihre Kinder aus bestem Samen zu erzeugen. Sie tun es. Aus zahlreichen Arbeiten weiß man, dass die Partner-Korrelation bezüglich der Intelligenz im Allgemeinen hoch ist, manchmal höher als die Geschwister-Korrelation. Allerdings fehlt noch weitgehend das Bewusstsein der Öffentlichkeit, aber wohl auch ihrer Verwandtschaft, dass diese Frauen einen erfreulichen Beitrag für die zukünftige Menschheit leisten, aber auch für ihre eigene Zukunft und Zufriedenheit. Die Eltern dieser Frauen leben gewöhnlich noch, oft in einer zu großen Wohnung, wenn die Kinder ausgezogen sind. Sie sind regelmäßig wohlhabend, aber ihr Leben ist oft sinnentleert. Die mögen sich daran erinnern, dass die biologische Institution Großmutter mit der langen Lebenszeit jenseits des Klimakteriums nicht ohne Grund von der Evolution entwickelt wurde. Man weiß aus völkerkundlichen Arbeiten (z. B. Voland 2005, Hrdy 2005 und 2009, alle mit zahlreichen Nachweisen), dass Großmütter regelmäßig einen wertvollen Beitrag zum Leben ihrer Enkel und also ihrer Gene leisten, messbar sogar an deren Überlebenschancen. Bei unseren Vorfahren dürfte es schwerlich anders gewesen sein. (Die für die Steinzeitvölker gewöhnlich angenommene niedrige durchschnittliche Lebenserwartung ist kein Gegenbeweis, denn sie bezieht die Kindersterblichkeit mit ein; wer die Kindheit überlebte, hatte auch Aussicht auf ein höheres Alter, besonders die Frauen, die weniger riskant lebten.) Sollte es unmöglich sein, dass die gegenwärtigen Großmütter wieder lernen, was ihre Vorfahren regelmäßig konnten und taten? Sie werden mit ihren Enkeln viel Freude erleben und ihrem Leben neuen Sinn geben. Zudem sind sie oft die besseren Erzieher: erfahrener, geduldiger, zuversichtlicher, nicht gehetzt von

Terminen wie ihre oft gestressten Töchter. Sie sind regelmäßig die besseren »breeders with the ace in the hole« (Hrdy 2005). Schon aus der ehemaligen Sowjetunion wurde berichtet, dass der Begriff Hausfrau auf die nicht mehr arbeitenden Großmütter übergegangen ist. Eine Entwicklung, die in Deutschland wegen der üppigen Renten ausgeblieben ist.

Hrdy (2010) weist auf ein Faktum hin, das noch kaum bedacht wurde: Unser sogenannter Sozialstaat hat das Abhängigkeitsverhältnis von Eltern zu Großeltern umgedreht. In der gesamten Menschheitsgeschichte halfen Großeltern, vor allem Großmütter, regelmäßig ihren Kindern und Enkeln, solange sie es konnten. Seit Adenauers Stimmenkauf bei den Alten, einer üppigen Rentenerhöhung 1957, sorgen die Kinder für ihre Eltern – mehr noch für die alten Kinderlosen, denn für die kann kein anderer sorgen. Vor allem die Adenauer-Illusion des Alterslohns veranlasste die Alten zur Trennung von ihren Familien und erlaubte ihnen ein eigenständiges Leben in einer eigenen Wohnung, besser wohl Isolierstation genannt. Ihr Auszug wurde erleichtert dadurch, dass in den 50er-Jahren die meisten Mütter noch nicht berufstätig waren – und nach verbreiteter Meinung auch nicht sein sollten. Übersehen wurde, dass den Kindern durch die Abwesenheit der Großeltern wichtige soziale Erfahrungen und Lernmöglichkeiten entgingen. Vielleicht wird man unseren Sozialstaat deshalb in Zukunft als Asozial-Staat bezeichnen – oder weniger unfreundlich als Single-Staat.

Was derzeit noch weitgehend fehlt, ist eine Zustimmung der Öffentlichkeit zu dem Lebensentwurf der alleinstehenden Mutter. Zwar werden uneheliche Mütter nicht mehr verachtet und an den gesellschaftlichen Rand gedrängt. Andererseits gibt es aber auch keine erfreuliche Zustimmung. Vor allem fehlen vielfältige Möglichkeiten der Kinderbetreuung. Schande für die Demokraten, dass die DDR diesbezüglich weiter war. Nach der letzten Arbeit von Hrdy (2010) sollte sich herumsprechen, dass Kinder bei vielen Völkern regelmäßig mehrere »Bezugspersonen« haben, natürlich auch Männer. Man muss darin die sozialen Vorfahren der Tagesmütter und Kinderkrippen sehen. (Wer findet ein besseres Wort für Bezugspersonen?)

Zudem gibt es aus mehreren Kulturen einen Hinweis der Art, dass zur Erziehung eines Kindes ein ganzes Dorf gehört. In der Altsteinzeit, die noch keine Häuser und Dörfer kannte, kann der Gesamterzieher nur die Horde gewesen sein, die in der Regel wohl aus zehn bis zwanzig

Erwachsenen und ebenso vielen Kindern bestand. Eine Zahl, die für Alte und Kinder sehr überschaubar war. Eine reine Vater-Mutter-Kind-Familie hätte keine guten Überlebenschancen gehabt. Es ist erfreulich und richtig, dass sie auch heute zunehmend als mangelhaft angesehen wird.

Matriarchinnen

Die gibt es bisher nicht. Es ist aber die Frage, ob es die nicht geben kann und geben sollte. Gemeint sind Frauen, die einem Lebensentwurf zustimmen könnten, der sie zu gleichsam hauptberuflichen Müttern mehrerer Kinder macht.

Natürlich denkt niemand an ein Matriarchat, das gleichsam das Patriarchat kopiert oder spiegelt. Das gab es nie und wird es vermutlich nie geben. Allerdings gibt es derzeit Anzeichen dafür, dass männliche Untugenden von vielen Frauen fleißig kopiert werden: Imponiergehabe, Dominanzstreben, Konkurrenzverhalten. Ohne Zweifel dürfen die Frauen das, und niemand kann und wird das verhindern. Aber keiner kann garantieren, dass alle Frauen dabei glücklich werden.

Die Frage ist, welche Frauen sich auf einen solchen Lebensentwurf als gleichsam hauptberufliche Mutter einlassen würden. Die hochbegabten Frauen dürften dazu selten bereit sein. Die werden wahrscheinlich Beruf und Status nicht aufgeben wollen. Auch ihre Beschäftiger werden sie mit üppigen Gehältern festhalten, weil sie auf ihre Erfahrung und Intelligenz angewiesen sind. Dass andererseits Verlierer-Frauen Mütter mehrerer Kinder werden, ist nicht zu wünschen und sollte ihnen auch nicht nahegelegt werden. Es würde die meisten überfordern und die Sozialbürokratie aufblähen und letztlich auch überfordern!

Zu denken ist hier vor allem an Frauen, die nicht zu den Begabtesten gehören. Viele haben ja ein Studium angefangen und vielleicht nicht beendet. Andere mit Abschlüssen, überdurchschnittlich, aber nicht hochbegabt, vielleicht auch mit schwachem Durchsetzungsvermögen, finden nicht den Beruf oder die Stellung, die ihnen zusagt. Die Vermehrung der Studienplätze hat zwar zu einem deutlichen Anstieg der Studierten bei beiden Geschlechtern, nicht dagegen der Hochqualifizierten und Zufriedenen geführt. Von den anderen wären wahrscheinlich einige mäßig Erfolgreiche bereit, Mutter mit mehreren Kindern zu werden, mit oder ohne Partner. Erfreuliche Vorbilder gibt es in den Kinderdörfern und ähnlichen Einrichtungen. Die da wirkenden Mütter sind mit ihrem Leben in der Regel sehr zufrieden und knüpfen Bindungen, die ein ganzes Leben andauern. Aber auch für hochbegabte Frauen kann ein Mutter-Dasein durchaus eine lohnende Perspektive sein. Die intelligenteste Frau aus der berühmten kalifornischen Terman-Studie, die in den 1920er-Jahren begann und ihre hochbegabten Probanden bis ins hohe Alter verfolgte, war Mutter von acht Kindern und mit ihrem Leben sehr zufrieden.

Die Aussichten auf eine lebenslange Partnerschaft sind derzeit ohnehin nicht hoch. Folgt man Schwarz-Schilling (2004), ist die Ehe »ein Seitensprung der Geschichte«. In näherer oder weiterer Zukunft wäre mit einem Ende der lebenslangen Ehe zu rechnen. Unbestrittene Geltung hat sie heute schon nicht mehr, überall auf der Erde, einige streng patriarchalische Länder vorläufig noch ausgenommen. Der Anteil der allein erziehenden Mütter beträgt in den meisten Ländern zwischen 10 und 25 Prozent. In manchen Schichten und Ländern liegt er deutlich höher, etwa bei den Farbigen und Latinos in den USA.

Die Ehe auf Zeit wird dagegen weiter bestehenbleiben, dazu ist die Neigung zur Paar-Bildung zu stark und verbreitet. Dass die Beziehungen zu eigenen Kindern länger und zuverlässiger halten als eine Ehe, ist aber schon heute die Regel. Allerdings wären für einen Lebensentwurf als Matriarchin einige Voraussetzungen zu schaffen, die gegenwärtig nicht gegeben sind:

» Die Frauen müssen mindestens durchschnittlich begabt sein. Sie sollten also Abitur oder eine gleichwertige Berufsausbildung haben. Weitere Auslese-Gesichtspunkte dürften sich erübrigen. Diese Bedingung sollte aber auf jeden Fall eingehalten werden. Die Versuchung der Politiker wird groß sein, auch ungeeignete und erziehungsunfähige Frauen mit Kindern in diesen Kreis aufzunehmen – mit der tödlichen Leerformel von der »sozialen Gerechtigkeit«, die bei naiven Menschen immer noch wirkt.

» Die Frauen müssen finanziell gesichert sein. Wie, müsste eine breite öffentliche Diskussion ergeben. Hierzu einige Anregungen:

» Eine Mutter mit drei Kindern sollte gesichert sein etwa wie ein Inspektor. Mit jedem weiteren Kind sollte eine höhere Gehalts-Stufe gewährt werden. Ob die Frauen zu Beamten ernannt werden sollten, kann offen bleiben, der Beamtenstatus steht ja ohnehin zur Disposition. Jedenfalls täten sie für die zukünftige Menschheit mehr als die meisten Beamten.

» In gleicher Weise müssen sie für ihr Alter gesichert sein. Das mag derzeit unbezahlbar erscheinen. Es ist aber zu bedenken, dass auch die üppige Beamten- und Rentner-Versorgung nicht so bleiben kann, wenn der Staat einem Bankrott entgehen will. Es traut sich nur keiner, das zu sagen.

» Dagegen ist zu halten, dass die von diesen Frauen geborenen Kinder als Erwachsene zuverlässig die öffentlichen Kassen kräftig füllen werden.

» Wahrscheinlich ist nach aller bisherigen Erfahrung, dass die Mutter-Kind-Bindungen bis ins Alter andauern. Sie sind heute schon langlebiger als viele Ehen.

» Die Mütter müssten keinesfalls auf zeitliche oder dauerhafte Partnerschaften verzichten, wozu man sie ohnehin nicht verpflichten kann. Ihre Partner wären (mit Ausnahmen vielleicht) erfreuliche Vorbilder für die Kinder beiderlei Geschlechts. Wenn sie in der Mutter-Familie wohnen, würden sie auch finanziell zu deren Wohlstand beitragen.

» Mit den Genen von Samenspendern würden diese Männer kaum konkurrieren wollen, weil sie dann unterhaltspflichtig würden.

» Die Kinderlosen sollten insgesamt die Kosten der Kinder-Aufbringung tragen, zweckmäßig durch eine kräftige Steuer. (Schande für die deutsche Sprache: Es gibt kein Wort, das Erzeugung, Pflege, Ernährung und Erziehung abdeckt. Es wird hier empfohlen, es mit dem Wort Aufbringung zu versuchen, dem Englischen »upbringing« nachgebildet. Thomas Mann gebraucht es so im »Doktor Faustus«.)

» Der Gesetzgeber muss sicherstellen, dass Samenspender nicht unterhaltspflichtig sind. Andernfalls wäre ihre Zahl zu gering, und es bestünden kaum Wahlmöglichkeiten für die Frauen.

» Strittig mag derzeit noch sein, ob die Kinder das Recht haben sollten, ihren genetischen Vater kennenzulernen. Der Wunsch ist nachvollziehbar und vereinzelt sehr heftig, aber von echten Schwierigkeiten ist wenig berichtet worden.

» Kalamitäten ergäben sich wohl nur, wenn die Kinder auf der Straße oder in einer Krisensituation über ihre Zeugung aufgeklärt werden. Solche Fälle lassen sich naturgemäß gut publizistisch vermarkten, verzerren aber das Bild.

» Die Frage wird allerdings auftauchen, ob die Samenspender bereit sein sollten, ihre genetischen Kinder kennenzulernen. Die Bereitschaft dazu müssten sie schon vor der Spende erklären. Vielleicht wäre das sogar ein günstiger Auswahl-Gesichtspunkt für die Spender, auch wenn ihre Zahl dadurch kleiner würde.

» Es müssen nicht immer die eigenen Großeltern sein, die die Kinder betreuen. Erfreulicher Anschlag in einem Super-Markt: »Leih-Großeltern möchten Leih-Enkel/-in betreuen«.

» Überflüssig zu sagen: Eine solche Entwicklung würde von den Sozialwissenschaften und anderen aufmerksam beobachtet und interpretiert. Es gäbe also keine Geheimnisse. Eine solche Entwicklung ist nicht möglich? Nein, bei dem gegenwärtigen Denken und Fürchten nicht. Aber was, wenn die Entwicklung zum Single-Dasein weitergeht wie bisher? Dann sind ohnehin Überlegungen angebracht, wie darauf zu reagieren ist. Wahrscheinlich wird es zu jeder Art von Patchwork-Familien kommen, die zwar nicht ewig, aber doch längere Zeit halten. Und die wahrscheinlich der Normalfall waren in Geschichte und Vorgeschichte. Die Frauen in gesicherter Stellung werden wenig bereit sein, sich mit Männern einzulassen, die keine Kinder mögen. Voraussehen lässt sich diese Entwicklung nicht, noch weniger vorausplanen oder propagieren. Aber bereit und offen sein sollten wir. Widerstehen sollte man auf jeden Fall dem Ansinnen, grundsätzlich allen Single-Müttern den hier vorgeschlagenen Status zu gewähren. Von den oben vorgeschlagenen Bedingungen darf nicht abgewichen werden. Die Folge wäre ein allgemeiner Rückfall in ein vor-ethisches Kinder-Machen, das kein verantwortlich Denkender wünschen kann.

Die ältere Eugenik (z. B. Lenz gegen Himmler) vertrat gewöhnlich den Standpunkt, diese Frauen sollten heiraten und dann mehrere Kinder zeugen. Das kann man wünschen, aber nicht planen oder verordnen. Frauen wollen sich nicht an einen Mann binden, den sie als nicht mindestens gleichwertig ansehen.

Es ist zu erwarten, dass diese Matriarchinnen einen eigenen, selbstbewussten Lebensstil entwickeln. Wie, kann naturgemäß nicht vorausgesagt werden. Trotzdem einige Vermutungen:

» Die Kinder werden den Familiennamen der Mutter erben. Viele tun das heute schon, nicht nur uneheliche.

» Folgen Töchter ihrer Mutter, wird es zur Bildung von weiblichen Dynastien kommen. Das würde zur Tradition einer guten Samenwahl führen.

» Das Sippendenken wird vermutlich matrilinear.

» Familienstolz wird sich also auf die Zugehörigkeit zu einem weiblichen Klan und seinen tüchtigen Mitgliedern beziehen, auch den männlichen.

» Die Mobilität der Frauen wird geringer, was ohnehin zu erwarten ist wegen steigender Energiepreise. (Die derzeitige Luxusmobilität wird bereits zunehmend als ökologisch unvertretbar angesehen.)

» Die Matriarchinnen werden sich zusammenschließen und auch feste Gemeinschaften bilden, teils zur Durchsetzung eigener Interessen gegenüber der Öffentlichkeit, teils zwecks gemeinsamer Kinderbetreuung. Ein mögliches historisches Vorbild mögen die von den Niederlanden ausgehenden Beginen sein, die sich allerdings nur begrenzt von männlich-klerikaler Bevormundung befreien konnten.

» Die Beginen entwickelten auch eine Art des Zusammenlebens, die Nachahmung finden könnte: mehrere Häuser gruppiert um einen freien Platz. Mehrere Wohnungen in einem Hochhaus plus Gemeinschaftswohnung würden den gleichen Zweck erfüllen.

» Das gibt einem Teil der Frauen die Möglichkeit zu voller oder gelegentlicher beruflicher Tätigkeit, was die Einkünfte der Gemeinschaften erhöhen würde.

» Während der langen Zeit des Klimateriums werden etliche Matriarchinnen politische und ehrenamtliche Tätigkeiten suchen und finden. Sie werden eine umfangreiche und wertvolle Lebenserfahrung in unterschiedliche öffentliche und private Bereiche einbringen.

» Sie werden mit ihrem Kapital weniger spekulativ umgehen als Männer, was einen beruhigenden Einfluss auf die Kapitalmärkte haben wird.

» Einsichtige Erblasser werden vor allem oder ausschließlich an die Matriarchinnen denken.

» Das sollte auch für Stifter gelten. (Man stelle sich vor, Bill Gates hätte sein Vermögen zur Verfügung gestellt für Samenspenden an unbemittelte Frauen! Mehr Gutes hätte er nicht tun können.)

Es kann jedoch nicht erklärtes Ziel sein, nur hochbegabte Kinder zu zeugen. Aber etwa die Hälfte von ihnen wird hochbegabt sein. Der hochgradig sichere Beweis stammt dafür ausgerechnet aus der DDR: Der Doktorand Weiss (1972) hat da eine große Zahl von Familien mit mathematisch Hochbegabten untersucht. Wenn einer der Partner gut durchschnittlich begabt war (IQ um 110) und der andere hochbegabt (IQ über 125), war auch ziemlich genau die Hälfte der Kinder hochbegabt. Natürlich wurde die Arbeit unter Geheimhaltung gestellt. Weiss konnte die Ergenbisse deshalb erst nach dem Ende der DDR (2000) mitteilen.

Überflüssig zu sagen: Es wird auch in Zukunft Ehen geben, die ein Leben lang halten. Niemand wird daran etwas ändern wollen oder können. »Das ganz normale Chaos der Liebe« (besser wohl: die Vormenschen-Erbschaft als das »nicht festgestellte Tier«), macht es sowohl möglich als auch unmöglich.

Nichtvorbilder

Alle Industrie- und Dienstleistungsgesellschaften unterliegen gegenwärtig einem Prozess, der bisher wenig Aufmerksamkeit gefunden hat, und wenn, dann gewöhnlich verbunden mit einer unsachlichen, oft wütenden Leugnung. Auch die deutschen Sozialwissenschaften, von denen man annehmen sollte, dass sie dergleichen untersuchen, schweigen eisern. Eine Erklärung für dieses Versäumnis ist bisher nicht bekannt geworden. Der ungeliebte Befund ist: Die ehemaligen Besitz- und Bildungsklassen wandelten sich im letzten Jahrhundert in Intelligenzklassen. Der Prozess begann sehr wahrscheinlich früher und hält noch an, hatte aber im letzten Jahrhundert sein größtes Tempo. Die gängige Meinung, die Zukunft sei eine Wissensgesellschaft, ist wohl nur zum kleineren Teil richtig. Tatsächlich wird Intelligenz verlangt, die vorhandenes Wissen intelligent hervorbringt und zum Allgemeinwohl nutzt.

Sogar in der DDR. Da wurde beobachtet, was der offiziellen Ideologie genau entgegenlief: Nach dem Krieg, vor allem nach der Flucht von vielen Hochintelligenten vor Errichtung der Mauer, war zunächst unter den Studierenden ein relativ hoher Anteil von Kindern, die ein nicht-akademisches Elternhaus hatten. Mit schöner Regelmäßigkeit wurde dieser Anteil von Jahr zu Jahr kleiner, und die Masse der Studierenden hatte zuletzt wie in allen Industrieländern studierte Eltern. Es geschah also das Gegenteil dessen, was die offizielle Ideologie verlangte. Natürlich wurde die Arbeit unter Geheimhaltung gestellt. Der Untersucher Weiss hat die Ergebnisse jedoch später (2000) mitgeteilt. Auch durfte fortan nicht mehr von Intelligenz gesprochen werden. Es musste stattdessen »Leistungsvoraussetzungen« heißen. (Eine Orwellsche Sprachregelung, vermutlich nicht die letzte, nicht nur in der DDR.) Wie in allen Ländern bildeten die Akademiker überwiegend Partnerschaften mit ihresgleichen und zeugten Kinder, die ihnen gleich waren. Die Partner-Korrelationen bezüglich der Intelligenz sind in allen einschlägigen Untersuchungen hoch, in manchen höher als die Geschwister-Korrelation. Die Masse der Bevölkerung bildete wie überall die breite Schicht der Facharbeiter und Angestellten, die die Berufe besetzten, für die eine gute Ausbildung und Arbeitsbereitschaft reicht. Die Verlierer bildeten zwangsläufig eine intelligenz-arme Unterschicht, aus der jeweils nur wenige herausragen und beruflich aufsteigen konnten.

Der gleiche Prozess ist in den USA ermittelt und von dem Psychologen Herrnstein und dem Politologen Murray ausführlich dargestellt worden (1994). Die Verfasser nutzten und interpretierten Daten aus der Längsschnitt-Untersuchung der US-amerikanischen Jugend von 1990, haben ihre Daten für ihre Untersuchung also nicht selbst erhoben. Das Buch beschreibt detailliert und ausführlich den gleichen Prozess wie Weiss: Die ehemaligen Besitz- und Bildungsklassen wurden im 20. Jahrhundert, in geringerem Umfang auch schon früher, umgewandelt in Intelligenzklassen. Der Grund war der gleiche wie in allen Industrie- und Nach-Industrie-Ländern: Die Aufgaben in Wissenschaft, Technik, Verwaltung und Führung wurden zahlreicher, umfangreicher und komplizierter. Imponiergehabe und Erfahrung reichten für einen Chef nicht mehr aus. Also wurden die für anspruchsvolle Aufgaben Geeigneten besser bezahlt und stiegen in die gesellschaftliche Oberschicht auf, heirateten da untereinander, wohnten nebeneinander und zeugten Kinder, die ihnen gleich oder ähnlich waren. Schlicht-Arbeitsplätze, die einst auch mäßig Intelligenten bescheidenen Wohlstand brachten, wurden wegrationalisiert wie in allen Industrieländern. Maschinen sind billiger, in keiner Gewerkschaft und werden zu einem gut berechenbaren Zeitpunkt invalide.

In Deutschland will oder darf man das offenbar nicht wissen, eine vergleichbare Untersuchung gibt es nicht. Das Buch ist denn auch meist »übersehen«, gelegentlich kräftig gescholten worden; ein ernsthafter Gegenbeweis wurde aber nicht versucht, nicht einmal angemahnt. Zur Sicherheit wurde das Buch bis jetzt nicht ins Deutsche übersetzt, obwohl es die wichtigste soziologische Arbeit der letzten Jahre sein dürfte. (Vielleicht weil die Verfasser keine Soziologen sind? Eher wohl, weil die Erkenntnis unbequem ist.) Der Umstand ist eine eigene Untersuchung wert.

Also ist eine sehr ungünstige Entwicklung zu befürchten und teilweise schon eingetreten: Frauen, die aufgrund mangelnder Bildungs-fähigkeit keine oder geringe Chancen auf einen befriedigenden Arbeitsplatz haben, sind oft versucht, ihr bescheidenes Einkommen mit reichlichem Kindergeld aufzubessern. Sie stehen sich dann wirtschaftlich besser als mit einer ungeliebten Arbeit, die nur geringe Entlohnung möglich macht. Gerade solche Frauen – oft noch halbe Kinder – sehen in einem Kind gern eine befriedigende Aufgabe und einen Lebenssinn, der ihnen auf andere

Weise nicht zukommen kann. Eine Missbilligung des unehelichen Kindes gibt es praktisch nicht mehr. Diese Frauen vermehren die Bevölkerung, die im Jargon der Ämter »unser Sozialhilfe-Adel« heißt. Fürsorger und Lehrer, die öffentliches Mobbing nicht scheuen, wissen von derartigen Dynastien zu berichten, die sich über Generationen hinziehen. Die seriöse Wissenschaft, um politische Korrektheit bemüht, versäumt es, derartiges zu untersuchen. Vor allem wirft sie nicht die Frage auf, ob und in welchem Umfang die persönlichen Mängel genetische Ursachen haben. Also werden solche Erkenntnisse nur unter der Hand weitergegeben, und nur dann, wenn man sicher sein kann, damit nicht an die Öffentlichkeit zu gelangen.

Ein makabrer Gegensatz zwischen altem und neuem Adel: Der alte Adel glaubte genetisch überlegen zu sein, war es aber wahrscheinlich nicht. Allerdings konnte er sich durch körperliche Merkmale von der übrigen Bevölkerung unterscheiden, wenn er wie in Frankreich Nachkomme von Eroberern war. (Die in der Französischen Revolution Geköpften sollen meist blond gewesen sein.) Der neue Unterschichten-Adel ist dagegen entstanden durch eine konsequente Selektion, also eine Selbst-Auslese, die niemand veranstaltet hat.

Die geringen Fähigkeiten dieser Menschen sammelten sich in der neuen Unterschicht und vererbten sich da. Ob mehr sozial oder genetisch, muss man nicht wissen. Keiner hat diese Entwicklung beabsichtigt, aber es hat sie auch niemand verhindern können.

Die Süddeutsche Zeitung berichtete am 21.6.08 unter dem Titel »Der Baby-Pakt von Massachusetts« von einer US-amerikanischen Schule, in der sich die meist 15- bis 17-jährigen Mädchen verabredet hatten, schwanger zu werden. Die Sache wurde bekannt, weil die Mädchen von der Kranken-Schwester der Schule einen Schwangerschaftstest verlangten und enttäuscht reagierten, wenn er negativ ausgefallen war. Die Väter dieser Kinder waren gleichfalls überwiegend Verlierer, einer ein Obdachloser. Mütter und Väter haben also kaum andere als ungünstige Gene von Verlierern zu vererben, und auch ihre Kinder werden gleichfalls mit hoher Wahrscheinlichkeit zu den Verlierern zählen. Ein Mann, der nichts hat oder erarbeiten kann, muss auch keine Alimenten-Klage fürchten.

Weiter berichtet die Zeitung: »Die USA sind das Land mit dem weltweit höchsten Prozentsatz an Schwangerschaften bei den 15- bis 19-Jährigen, diese liegt doppelt so hoch wie in den meisten Industriestaaten. Knapp 900.000 Mädchen werden jährlich schwanger, 2006 ist die Rate um drei Prozentpunkte gestiegen, nachdem die Zahlen lange Zeit zurückgegangen waren.«

Unterschiedliche Ursachen werden genannt, von denen vermutlich keine ganz richtig und keine ganz falsch ist:

» Etwa ein Drittel der weiterführenden Schulen in den USA erteilt keinen Unterricht in Sexualkunde. Gepredigt wird Enthaltsamkeit vor der Ehe. »Just wait!«

» Aufklärung über Methoden der Verhütung findet im christlich-fundamentalistischen Milieu praktisch nicht statt.

» Ein Erfolgs-Film »Juno« erzählt die Geschichte einer selbstbewussten 16-Jährigen, »die ihr Baby gegen alle Widerstände austrägt …« (Ist inzwischen auch bei RTL gelaufen.)

Alles vermutlich richtig, aber nicht die ganze Wahrheit. Die Zeitung vermutet zutreffend: »Andererseits wissen Sozialarbeiter und Ärzte, dass vor allem junge Frauen aus schwierigen sozialen Verhältnissen mit einem Kind eine Art Sinnsuche verbinden: Es gibt jenen, die schlechte Chancen auf dem Arbeitsmarkt haben, etwas zu tun, was schön und zugleich sozial anerkannt ist. Das mag auch die 17 jungen Frauen aus Gloucester, wo die Arbeitslosenrate stetig steigt, bewogen haben, will man dem Schulpfarrer glauben.«

Forscher des Berlin-Instituts (2007) berichten Ähnliches aus einem abgelegenen Teil der neuen Bundesländer: »Junge Frauen wählen den ›Beruf Mutter‹ als Alternative zur Arbeitslosigkeit und zur ›Maßnahmekarriere‹, besonders in ›wirtschaftlichen Krisenzeiten‹. – Grade Frauen mit mäßigem Schulabschluss finden in einer frühen Mutterschaft einen gesellschaftlich anerkannten Lebensinhalt – und auch finanzielle Unterstützung.« Der Grundbetrag des Arbeitslosengeldes beträgt nach denselben Verfassern 345 Euro plus Mietzuschuss (2007). Nach Geburt eines Kindes stehen einer Mutter mit Kleinkind alles in allem mindestens 1.100 Euro zu, gleichfalls plus Mietzuschuss. »Alle zwei Jahre ein Kind anschaffen, das bringt auch Geld«, zitieren die Verfasser eine junge Mutter. Auch Patchwork-Familie und Partnerwechsel sind eingeplant: »Man hört hier von vielen Müttern, dass sie sagen: Ja, der Vater ist weg. Dann nehm ich mir halt einen anderen. Dann spielt der Ersatzpapa. Das hält dann auch nicht lange.« Was die Verfasser verschweigen: Der Vater und sein Ersatz entstammen fast sicher gleichfalls aus einer intelligenz-schwachen und einkommenslosen Verlierer-Schicht. Die hochintelligenten Männer fürchten Alimenten-Zahlungen, falls sie nicht schon abgewandert sind. Die Verfasser interpretieren richtig: »Ein Teil jener Kinder, die in den peripheren Regionen der neuen Bundesländer aufwachsen, haben hingegen einen denkbar schlechten Start in die Zukunft, denn sie wachsen in prekären Verhältnissen auf. Ihr Alltag ist geprägt von der Arbeitslosigkeit ihrer Eltern, aus der sie ihre eigene Perspektivlosigkeit ableiten.« Der Bürgermeister wird zitiert: »Ich erlebe Eltern, die nicht in der Lage sind, Erziehung zu leisten, weil sie auch die einfachsten pädagogischen Grundsätze nicht beherrschen.« Die Berliner Forscher wissen auch, was zu tun ist, unter anderem: »Mehr männliches Personal in Kindergärten und Grundschulen – Gesundheits-Check im Vorschulalter«, fachhochschulmäßige Bildung der Erzieher und manches andere. Alles richtig, alles teuer, aber Intelligenz wird dadurch gehoben.

(Womit nicht gesagt ist, dass derartige Bemühungen wirkungslos sind. Geringere Straffälligkeit und bescheidene berufliche Erfolge sind durchaus möglich und andernorts nachgewiesen worden. Es gibt ja auch Schwachbegabte, denen mit entsprechenden Hilfen durchaus ein beruflicher Start möglich ist.)

Natürlich wird kein Verantwortlicher diesen jungen Frauen zu einem Kind raten. Aber Rat und Pädagogik sind gewöhnlich wirkungslos, und das in der Schule Gelernte überlebt selten das Schuljahr, oft nicht einmal die nächste Pause. (Wo die nachhaltige Bildung geschieht, aber das darf ein Pädagoge nicht verraten.) Sollte es deshalb unmöglich sein, diesen jungen Frauen zu sagen:

Wenn schon ein Kind, dann eins aus dem besten Samen!

Die aus hochwertigem Sperma gezeugten Kinder wären fast mit Sicherheit mindestens durchschnittlich begabt. Der durchschnittliche IQ der Kinder gleicht fast genau dem mittleren IQ der genetischen Eltern, stellt Weiss (2000) auf Grund von Ergebnissen eigener Forschung in der DDR fest. Das bedeutet: Nahezu alle diese Kinder würden eine Berufsausbildung abschließen, manche gar ein Studium. Voraussetzung wäre allerdings, dass diese Frauen von einer seriösen Samenbank kostenlos eine Spende erhielten. Die Krankenkassen sollten dafür zahlen, sie haben ja auch zahlungskräftige neue Mitglieder zu erwarten.

Diese jungen Frauen sollten ein deutlich höheres Kindergeld erhalten, das allerdings an einige Bedingungen zu knüpfen wäre:

» Es muss nachgewiesen sein, dass ihr Kind aus der vermittelten Samen-Spende gezeugt wurde. Das ist einfach und preiswert möglich. Eine genetische Untersuchung dürfte nur selten angezeigt sein.

» Regelmäßige ärztliche Untersuchungen müssen vorgeschrieben sein und überwacht werden.

» Die jungen, meist unerfahrenen Mütter müssen regelmäßig gut geleitete Mutter-Kind-Gruppen besuchen, am besten vom Krabbel-Alter an. Viele Institutionen von der VHS bis zu Sozial-Verbänden wären bereit und in der Lage, derartige Gruppen zu leiten, vorausgesetzt sie erhalten die nötigen Mittel. Gesundheitliche Probleme und Mangel-Ernährung würden dadurch weitgehend vermieden.

» Diese Frauen haben in der Regel selbst eine ungünstige Erziehung erhalten. Durch einen regelmäßigen Besuch von gut geleiteten Gruppen könnte ziemlich sicher verhindert werden, dass sie in den Erziehungsstil ihrer Eltern zurückfallen.

» Die Kinder sind früh einer guten vorschulischen Einrichtung zuzuführen. Auf diese Weise würde einem Aufwachsen ohne förderliche Anregungen vorgebeugt.

» Das Nichteinhalten dieser Bedingungen ist zu sanktionieren, etwa durch Sperren des erhöhten Kindergeldes.

Ach die Ethik!

Das geht nicht? Nein, bei der gegenwärtigen Moral und Rechtslage nicht. Man wird aber nicht ewig die Erkenntnis verdrängen können, dass diesen Frauen und den Gesellschaften anders nicht zu helfen ist. Dass die Frauen für alle Zukunft ihre Erfolglosigkeit und ihren ungünstigen Unterschicht-Status vererben müssen, kann niemand wünschen. Wenn nicht sie selbst, dann sollten doch wenigstens ihre Kinder eine echte Chance zum sozialen Aufstieg haben. Also werden einschlägig informierte Ethiker sich bemühen müssen. Und die Publizistik – und teilweise auch die Philosophie – müssen ihren Anti-Biologismus aufgeben, der die nötigen Einsichten verhindert. Aus ethischen Gründen ist es auch unmöglich, diesen Frauen Kinder zu verbieten. Sie kriegen welche, empfangen von Ihresgleichen. Wer kann das wünschen?

Wirksam wäre schon eine einfache gesetzliche Vorschrift:

Alle Frauen haben das Recht, Kinder aus Samen ihrer Wahl zu empfangen.

Zahlen sollten ihre Krankenkassen, private und gesetzliche, denen ja auch zahlungskräftige Mitglieder nachwachsen. Davon ginge bereits eine erfreuliche Bewusstseinsbildung und Signalwirkung aus, und niemand würde bevorzugt oder benachteiligt. Die finanziellen Aufwendungen blieben überschaubar, weil ja selten eine IVF (künstliche Befruchtung im Laborgefäß) nötig wäre. Seriöse Institute dazu gibt es zahlreiche. (Vor allem im Ausland!) Die sollten sich allerdings verpflichten – und damit werben! –, dass sie nur Samen von gesunden und hochintelligenten Männern in ihrem reichlichen Angebot haben. Das sollten sie in einem un-bebilderten Katalog darstellen, wie es teilweise schon geschieht. Es wird bekannt werden, wenn Institute von dieser Regel abweichen. Eine spezielle Überprüfung ist deshalb nicht nötig, würde auch den Verdacht fördern, dass der Staat auf die Fortpflanzung seiner Bürger gezielt Einfluss nehmen will. Ihre Werbung wird sich langfristig nicht auf pausbäckige Babys beschränken, sondern auf die Erfolge der mit ihrer Hilfe gezeugten Kinder hinweisen.

Demgegenüber sind alle anderen oben ge-nannten Vorschläge nachrangig. Aber sie sollten keineswegs entfallen. Der Kauf von Samen darf kein Privileg der Wohlhabenden sein. Denn die größere soziale Gefahr der Zukunft dürfte weniger der Mangel an Hochintelligenten sein, der aber schon sehr fühlbar ist. Der Be-werbermangel und die hohe Abbrecherquote beweisen es bei den Studienfächern, die hohe Intelligenz voraussetzen müssen, aber auch die Schwierigkeit, Bewerber für anspruchsvolle Facharbeiterberufe zu finden. Die größere Gefahr für die Zukunft dürfte die zunehmende Zahl von Menschen sein, denen niemand Lebenserfolg und bescheidenen Wohlstand garantieren kann – und die ihre Erfolglosigkeit vererben müssen – bis in alle Ewigkeit.

Die professionelle Ethik der Philosophen? Auf die Unmöglichkeit, an Platons Ethik der Fortpflanzung anzuknüpfen, wurde schon hingewiesen. Schopenhauer hat es gerade zu einer flapsigen Bemerkung gebracht: Könnte man alle Schurken kastrieren und alle dummen Gänse in ein Kloster stecken …! Verständlich, dass dergleichen Frivolitäten abschrecken und nicht gerade Mut machen zu einer sachlichen und gründlichen Erörterung der angesprochenen Fragen. Dazu sollte sich aber die Ethik verpflichtet fühlen.

Irgendwann wird eine informierte und besonnene Öffentlichkeit auch über gesetzliche Regelungen nachdenken müssen. Grundsätze dazu habe ich an anderer Stelle angegeben (Meyer 2010).

Die Philosophie braucht offenbar regelmäßig Anstöße von außen, z. B. von James

Watson, einem der Entdecker der DNA: »Ich vertrete hier ein ganz einfaches Prinzip: Man sollte die meisten Entscheidungen in die Hände von Frauen und nicht von Männern legen. Sie müssen die Kinder austragen. Wir werden ein stärkeres Gefühl der Verantwortung für die nächste Generation entwickeln müssen. Ich denke, man sollte es den Frauen überlassen, Entscheidungen zu fällen, und was mich angeht, würde ich gern auf die Ausschüsse von männlichen Ärzten verzichten.«

Was ist denn wichtiger?

Nachdenken über richtiges Sterben?

Oder Nachdenken über richtiges Zeugen?

Literatur:

Aly, Götz: Warum die Deutschen? Warum die Juden? S. Fischer Frankfurt.M 2011.

Berlin-Institut: Not am Mann – Von Helden der Arbeit zur neuen Unterschicht? Verfasser Steffen Kröhnert und Reiner Klingholz, Berlin-Institut für Bevölkerung und Entwicklung 2007.

Darwin, Charles: Die Entstehung der Arten, 1859.

Ebenrett, Heinz-J: Zehn Jahre wiedervereinigtes Deutschland: Regionale Unterschiede von Intelligenzleistung sowie der Basisfertigkeiten Rechnen und Rechtschreibung, mit Puzicha, Klaus J. in Berth, Hendrik und Elmar Bräher: Deutsch-Deutsche Vergleiche, Psychologische Untersuchungen zehn Jahre nach dem Mauerfall. VWF Berlin 1999.

Eiduson, T.B: Contemporary Single Mothers, in Current Topics in Early Childhood Education. New York 1980. (Übs. Nave-Herz)

Flynn, James R: Massive Gains in 14 Nations; what IQ-Tests realy measure. Psychological Bullctin 101.1987, 171–191.

Galton, Francis: 1883 Inquiries into human faculty and its development, 1883.

Ders: Eugenics, its Definition, Scope, and Aims. Sociological Papers 1.1905, 45–50.
Ders: Essays on Eugenics, New York and London 1909.

Grupe, Gisela u.a.: Anthropologie, ein einführendes Lehrbuch, mit Kerrin Christiansen, Inge Schröder, Ursula Wittwer-Backofen. Springer München ua 2005.

Heinsohn, Gunnar: Söhne und Weltmacht, Orell Füssli 2006.

Herrnstein, RJ u Murray, C: The Bell Curve. Intelligence and Class Structure in Amerikan Life, New York, Free Press 1994.

Hrdy, Sarah Blaffer: 1999 Mother nature, A History of Mother, Nature and Natural Selection 1999, dt Mutter Natur, Berlin Verlag 2000.

Dies: Cooperative Breeders with the Ace in the Hole, in Voland 2005.

Dies: Mothers and Others, The Evolutionary Origins of Mutual Understanding, Harvard University Press 2009. Dt: Mütter und andere. Wie die Evolution uns zu sozialen Wesen gemacht hat. Berlin 2009.

Lehrl, Siegfried: Pisa – ein weltweiter Intelligenztest, Geistig fit 1.2005, 3–6.

Ders: Interview in der Welt 4.1.2006.

Lynn, Richard: The role of nutrition in secular increases in Intelligence, Personality and Individual Differences 11.1990, 273–285.

Ders: Dysgenics – Genetic Deterioration in Modern Populations, Praeger Westport u London 1996.

Ders: Eugenics – A Reassessment, Praeger Publishers, Westport USA, 2001.

Ders: IQ and the Wealth of Nations, Praeger Publishers, Westport USA, mit Tatu Vanhanen 2002.

Ders: IQ and global inequality, Augusta 2006. Mit Tatu Vanhanen.

Ders: The global bell-curve: race, IQ and inequality worldwide. Augusta GA 2006.

Ders: The decline of worlds IQ. Intelligence 36.2008, 112–120. Mit J: Harvey.

Meisenberg, Gerhard: Talent, Character and the dimension of national culture, Mankind Quarterly 45:22.2004, 123–168.

Ders: How universal is the negative correlation between education and fertility? Journal of Social, Political and Economic Studies, 33.2008, 205–227.

Meyer, Wilfried: Religion und Intelligenz, Rissener Einblicke 2–5.2005, 49–53.

Ders: Rasse und Rasse – Ein nötiger Nachtrag zur Antisemitismus-Diskussion, www.wilfriedmeyer.com, 2008.

Ders: Ein nötiger Beitrag zur Antisemitismus-Diskussion. www.wilfriedmeyer.com 2008.

Ders: Grundsätze für ein Zeugungs-Gesetz, in »Gene und Freiheit«, Eigenverlag 2010. Zum Selbstkostenpreis vom Verfasser zu beziehen.

Murdock, G.P: Ethnographischer Atlas. Pittsburgh, PA 1967. Universität von Pittsburgh Druck.

Nave-Herz, Rosemarie: Familie heute 1994 und 2007.

Nietzsche, Friedrich: Also sprach Zarathustra, 1883/5.

PISA-Konsortium: PISA 2006, Münster 2008.

PISA-Konsortium: PISA 2009, Münster 2010.

Dass: Kommentar zu Rindermann 2007 und Antwort von Rindermann: Psychologische Rundschau 2.2008, 118–131.

Plato: Politeia, dt Der Staat, ca 370 v.u.Z

Ploetz, Alfred: Grundlinien einer Rassen-Hygiene, I. Theil: Die Tüchtigkeit unserer Rasse und der Schutz der Schwachen. Berlin 1895. (Ein 2. Teil wurde nicht geschrieben.)

Rindermann, Heiner: Was messen internationale Schulleistungsstudien? – Schulleistungen, Schülerfähigkeiten, kognitive Fähigkeiten, Wissen oder allgemeine Intelligenz? Psychologische Rundschau 5.2007, 69–86.

Ders: Relevance of education and intelligence at the national level for the economic welfare of people, in Intelligence 36.2008, 127–142. Hier auch zahlreiche Quellen-Angaben.

Rost, Detlev: Intelligenz, Fakten und Mythen, Belz Weinheim 2009.

Schallmayer, Wilhelm: Über die drohende körperliche Entartung der Kulturmenschheit und die Verstaatlichung des ärztlichen Standes. Jena 1891.

Schwarz, Karl: Die Bedeutung der Berufsbildungsabschlüsse für Verheiratung und Kinderzahl der Frauen und Männer in den alten Bundesländern, Zeitschrift für Bevölkerungswissenschaft 1999, 213–220.

Schwarz, Michael: Sozialismus und Eugenik – Zur fälligen Revision eines Geschichtsbildes. Aus IWK = Internationale wissenschaftliche Korrespondenz zur Geschichte der deutschen Arbeiterbewegung, Berlin 1993.

Ders: Sozialistische Eugenik. Eugenische Sozialtechnologien in Debatten und Politik der deutschen Sozialdemokratie 1890–1933, Bonn 2000.

Schwarz-Schilling, Marie-Luise: Die Ehe – Seitensprung der Geschichte, Axel-Dielmann-Verlag Frankfurt-M. 2004.

Silver, Lee M: Remaking Eden. Cloning and beyond in a Brave New World 1997, dt Das geklonte Paradies, München 1998.

Süddeutsche Zeitung 21.6.2008: Der Baby-Pakt von Massachusetts.

Voland, Eckhard u. a: Grandmotherhood, The Evolutionary Significance of the Second Half of Femal Life. Rutgers University Press New Brunswick u. a, 2005.

Weiss, Volkmar: Ergebnisse zur Genetik der mathematisch-technischen Begabung, erzielt mit soziologischer Methodik, Dissertation an der HU Berlin 1972.

Ders: Die IQ-Falle, Stuttgart und Graz 2000. (Das Buch ist besser als sein Titel.)

Ders: Bildung oder Gene? Die PISA-Tests als gigantische IQ-Testreihe, in Eigentümlich frei 54.2005, 2–45.

Ders: National IQ Means Transformed from Programme for Student Assesment (PISA) Scores, and their Underlying Gene Frequencies, The Journal of Social, Political and Economic Studies 34.1.Spring 2009, 71–94.

Wiener, Norbert: Ex-Prodigy: My Childhood and Youth, Cambridge MA: MIT Press 1953.158.)

Wostenholm: Man and his future 1965.

Weitere Publikationen des Autors:

Lernen lassen – Überlegungen für ein selbst verantwortetes Lernen. VAS Verlag Frankfurt/M. 2002. – Aus dem Inhalt: Skizze einer Angebots-Schule – didaktischer Leerlauf – Vorteile und Organisation des Wahl-Unterrichts – Schulhaus, Lehrer und Schüler in einer Angebots-Schule, Abschlüsse und juristische Überlegungen.

Welche Gene für mein Kind? - Nachdenken über Zeugung von Menschen. Verlag Die blaue Eule, Essen 2008.

Aus der Rezension von Dr. Dr. Volkmar Weiss, Leipzig, bei Amazon: Die Frage, warum ein Buch von solcher Qualität nicht bei einem großen deutschen Verlag erscheint, drängt sich mir als erste auf. – Sein beeindruckender Stil ist von ungekünstelter Klarheit. – Eine pointierte, glänzend geschriebene Streitschrift.

Pädagogische Ketzereien – Was Lehrer nicht wissen dürfen: PISA hat Intelligenz gemessen – Intelligenz und Chancen – Das Gesamtschul-Paradox – Fehler der Gesamt-Schule – Sachlichkeit oder Sprachlichkeit – Das böse Versprechen des Sprachunterrichtes. Verlag Die Blaue Eule, Essen 2009.

Lechts oder Rings? Politische Richtungen und Lichtungen. – Essays zu unterschiedlichen Themen. A Neckenmarkt 2009. »Provozieren, Aufrütteln, Diskussionen anregen.« Kölner Stadtanzeiger 21.4.10.

Gene und Freiheit, Was die Wissenschaften verschweigen. Verlag des Autors 2010. Exemplare zum Selbstkostenpreis beim Autor.

Wollt ihr die totale Schule? Baden-Baden 1984, vergriffen, Restexemplare beim Autor. »Eine pointierte, glänzend geschriebene Streitschrift, substantielle Schulkritik mit bemerkenswerten Perspektiven für eine zukünftige Lernkultur.« DIE ZEIT, 12.4.85. – viele gute Passagen in Ihrem Buch: berechtigte Anklagen, treffende Analysen, gute Vorschläge. Manche Sätze sind zitierfähig wie Aphorismen. Prof. Rainer Winkel, Berlin. – Sie rühren an den Schlaf der Welt. Prof. Jan Natermann, Detmold.

Etwa 100 **Buch- und Zeitschriften-Beiträge.**

info@wilfriedmeyer.com

Wilfried Meyer

» 1929 geboren in Paderborn, da auch humanistisches Gymnasium
» Mai 1944 nicht-militärischer Kriegseinsatz
» 1949–53 Studium der Musik, Biologie, Erziehungswissenschaften und Germanistik in Detmold, Bielefeld und Köln
» Berufstätigkeit als Realschullehrer an Real- und Gesamtschulen, Mitarbeit an Curriculum-Entwicklung, Schulleitung und Planungsaufgaben des Schulversuchs
» Tätigkeit in der VHS und politischen Bildung, umfangreiche publizistische Tätigkeit

Klaus-Peter Wenzel

200 Jahre Hochschulchirugie in
Halle an der Saale (1811 – 2011)

In Halle wird 1811 der Chirurg und Augenarzt Carl-Heinz Dzondi als erster Ordinarius für Chirurgie zum Direktor der Chirurgischen Klinik an der Universität Halle ernannt. Mit ihm beginnt sich die Chirurgie in der Saalestadt wie überall im deutschsprachigen Raum zu einer wissenschaftlich-methodischen Erfahrungs- und Experimentalwissenschaft zu entfalten. Im Verlauf des 19. Jahrhunderts verselbständigen sich die bisher von den Chirurgen mitversorgten Fächer wie die Geburtshilfe/Gynäkologie, Augen- sowie Hals-, Nasen- und Ohrenheilkunde. Die neu eingeführten Spezialitäten wie Narkose und Anti- und Asepsis helfen mit, das Operationsspektrum der Kliniken zu erweitern. Hierfür stehen in Halle Persönlichkeiten wie Richard von Volkmann und Fritz Gustav von Bramann.

ISBN: 978-3-86237-278-2   29,50 Euro
Hardcover   187 Seiten, 25 x 20,5 cm

Rainer Dimmler
Von der Traumgeburt bis zum
Geburtstrauma

Alle Kinder, die in diese Welt geboren werden, sind kleine, liebenswerte Wesen – einzigartig und sensibel. Wir lieben sie. Ihre Ankunft in unserer Welt ist einmalig und ein Wunder der Natur. Wir hoffen, dass sie gesund sind – lieben sie aber auch, wenn sie krank, behindert oder still geboren werden.

Mütter aus Deutschland, Österreich und der Schweiz sowie die Autorin selbst berichten über ihre Erfahrungen während ihrer Schwangerschaften und Geburten. Sie lassen den Leser an ihren Gefühlen, Erwartungen und Sehnsüchten teilhaben.

ISBN: 978-3-86237-712-0
Hardcover

48,50 Euro
537 Seiten, 25 x 20,5 cm